事业单位预算管理与实践研究

陈文斌　杜　娟　刘海军◎著

中国纺织出版社有限公司

内 容 提 要

本书以“事业单位预算管理与实践研究”为题，首先介绍了事业单位预算管理的基本概念及相关核心理论、预算编制准备与方法、预算管理办法与执行；其次，介绍了事业单位全面预算管理的重要性及完善对策，并以地质勘查单位为例，对事业单位的预算管理进行了详细讲解；最后，本书从医院、高校两个角度对事业单位预算管理进行了深入研究。本书内容充实、层次清晰，注重理论与实践的结合，可供事业单位相关工作人员参考，同时，为相关理论研究者的进一步研究提供了基础。

图书在版编目（CIP）数据

事业单位预算管理与实践研究 / 陈文斌，杜娟，刘海军著. -- 北京：中国纺织出版社有限公司，2022. 12
ISBN 978-7-5229-0033-9

Ⅰ. ①事… Ⅱ. ①陈… ②杜… ③刘… Ⅲ. ①行政事业单位－预算管理－研究－中国 Ⅳ. ①F812.3

中国版本图书馆CIP数据核字（2022）第207125号

策划编辑：曹炳镝 李立静　　责任编辑：史 岩
责任校对：高 涵　　责任印制：储志伟

中国纺织出版社有限公司出版发行
地址：北京市朝阳区百子湾东里 A407 号楼　邮政编码：100124
销售电话：010—67004422　传真：010—87155801
http://www.c-textilep.com
中国纺织出版社天猫旗舰店
官方微博 http://weibo.com/2119887771
三河市延风印装有限公司印刷　各地新华书店经销
2022 年 12 月第 1 版第 1 次印刷
开本：787 × 1092　1/16　印张：10
字数：109 千字　定价：99.00 元

前言

事业单位预算是事业单位根据其职责和工作任务编制的年度财务收支计划，它是对单位一定时期内的财务收支规模、结构、资金来源和去向所作的规划。预算管理是财政工作的第一步，同时也是贯穿全年的财政工作，随着统筹与安全发展理念的指引，事业单位预算管理跃升为政府及社会所关注的重点领域。

本书以“事业单位预算管理与实践研究”为题，探讨相关内容。全书共分为三篇，第一篇为基本理论，包括事业单位预算管理的概述、事业单位的全面预算管理，阐述了事业单位的基本特点、事业单位预算管理的核心理论、事业单位预算编制的准备与方法、事业单位预算管理办法与预算执行、事业单位全面预算管理的重要性、事业单位全面预算管理的完善对策、案例分析——以地质勘查单位为例；第二篇为医院全面预算管理，包括医院全面预算管理的概述、医院全面预算管理的组织与制度体系、医院全面预算的审批与控制、医院全面预算的考核与审计，涵盖医院全面预算管理的相关概念及作用、医院开展全面预算管理的必要性与优化对策、医院全面预算管理的组织体系与制度体系、医院全面预算的审批、控制、考核与审计；第三篇为高校预算管理，包括高校预算管理的概述、高校预算管理若干问题探讨，介绍了高校预算管理的相关概念与研究意义、治理优化研究，并对高校财务风险问题、高校后勤财务预算管理问题和高校财务管理信息化建设问题进行了详细阐述。

本书体系完整、视野开阔、层次清晰，从基本理论、医院预算管理、高校预算管理三方面研究事业单位预算管理，重视实践性。本书除了可供读者参考，还可为理论研究者的进一步研究提供基础。

本书在撰写过程中，得到了许多专家、学者的帮助和指导，在此表示诚挚的谢意。由于作者水平有限，加之时间仓促，书中所涉及的内容难免有疏漏之处，希望各位读者多提宝贵意见，以便进一步修改，使之更加完善。

陈文斌

2022 年 10 月

目录

第一篇　基本理论

第二篇　医院全面预算管理

第一篇　基本理论

第一章　事业单位预算管理的概述

第一节　事业单位的基本特点

在我国，事业单位都担负着一定的管理公共事务、提供公共服务、维护和实现社会公共利益等公共管理职能，都在使用国有资产和公共资金，配置和使用公共资源。

目前，新形势、新情况、新问题不断地考验着事业单位的适应能力，医疗、教育、养老、收入差距、食品药品安全、社会治安等方面还存在令社会不满的态势，如何破解这些矛盾和难题，关系到我国人民的尊严和幸福的实现程度。事业单位作为公共服务的承担者，提高社会公共服务效率对于建设人民满意的政府具有积极的推动作用。

事业单位以非经营性活动为主，因此，事业单位的非经营性活动有如下特点：

第一，非营利性。我国事业单位承担包括教育、医疗、科技、文化等方面公共服务的职能，其主要通过利用财政资金从事相关业务活动，而这些业务活动是为了服务广大民众，不是为了营利。

第二，资金使用的无偿性。事业单位所使用的财政资金是为了保证整个社会正常运转，以提供公共服务为目的。因此，事业单位可以无偿占有、使用这部分资产。

第三，资金收支受预算严格控制。事业单位的业务活动不以营利为目的，造成相关资产在消耗时并不能得到补偿。因此，财政部门根据事业单位职能履行情况、未来发展需要以及政府资金情况等对资产的消耗进行补偿。

第四，业务活动受较多法律法规的约束。目前，我国事业单位业务活动受相关法律法规约束，其业务活动也受到除主管部门外其他部门的监督，管理主体呈现多元态势。

第二节　事业单位预算管理的核心理论

一、预算管理的委托代理理论

委托代理理论关注的是一种契约精神，由于委托方和代理方总是存在信息不对称和相关利益冲突等问题，委托方亟须找到一种有效的、能够产生激励效果的方法，使代理方可靠地、高质量地完成自己交代的各项工作任务。

委托代理理论的出现，为解决预算绩效管理中存在的各类问题提供了重要理论支撑，它改变了政府和公共服务部门之间的隶属关系，取而代之的是委托代理关系。委托代理理念的引入使各级预算具体执行单位在资金使用和分配方面拥有更多的灵活支配的权力，但是无论哪级预算部门都必须对预算资金投入与产出绩效进行重点关注。

依托委托代理理论，通过建立健全的预算执行监督、预算绩效评价、评价结果反馈等机制，不仅可以对预算支出单位的具体支出行为进行监督，还可以得到较高质量和较高水平的预算绩效报告，依据报告结果对预算支出单位的管理能力开展考核，从而实现政府财政预算的高产出、高效益。

二、预算管理的公共经济理论

公共经济承担着调节和管控的职能，它建立起资源优化配置、经济发展程度等宏观事项同财政收支计划之间的紧密联系，这要求政府有较强的效率和效益观念，尤其在安排财政收入资金和分配财政支出资金时更要追求“绩”和“效”。由于私人经济不能有效提供公共经济下的产品和服务，公共经济产生以后将长期存在并不断发展。

公共经济理论将财政收支计划作为财政活动起点，把提供公共产品和服务作为财政活动终点，这让财政的研究对象不再是单纯的资金支出，也能够关注产出。在提供公共产品和服务时，公共部门需要回答和解决如生产规模、数量质量、如何择优等问题，要想解决这些，就要建立一个包含投入、产出、结果在内的评价流程，并评价公共支出在其中的效益状况。

对比人们的需求和满足程度，社会资源总是稀缺的，财政资源作为社会资源的一种，也具有稀缺性，通过理论理解，能够看到财政支出实际上是对资源的消耗。那么就希望可以通过小支出得到大效益，利用有限的财政预算资金，提供更多更好的公共产品和服务，获得更大的政治、经济、社会和生态效益。如何量化和具化衡量财政资金投入和支出是否得到了预期效益，就需要有一套完整的体系来对预算绩效进行监督考核，这样以预算目标为基础，以支出结果为导向的预算支出绩效评价体系就成了最优选择。

第三节 事业单位预算编制的准备与方法

预算作为事业单位财务收支计划的一种表现形式，对内充分反映了事业单位的发展计划和任务，是进行财务管理的依据，是开展各项活动的导向；对外是国家相关部门监督考核事业单位管理情况的有效途径。对于事业单位而言，预算编制是预算管理的基础，直接影响着单位的整体运行。随着我国社会的不断发展，作为维持人民正常生活的必不可少的功能组织，事业单位的重要性越来越突出。在此形势下，保证事业单位预算编制的质量相当关键。基于此，事业单位在预算编制过程中要明确预算编制原则，掌握预算编制方法，再结合自身条件及需求在各项预算指标中的具体应用，使预算编制更科学、更合理、更具可行性。

一、事业单位预算编制的准备

（一）明确预算管理的作用与意义

1. 预算管理的作用

随着国家事业体系深入发展推进预算管理水平的不断提升，事业单位的财务管理活动也随之出现了很大的转变。现阶段，已形成了一个较为合理完善的预算管理机制，大幅提升了事业单位的运作效率。

事业单位的经营行为具有公益属性，获取资金的渠道较为特殊，高效地管控事业单位的经费，对于其服务质量的改善与财务核算工作的规范均发挥着重要作用。所以，事业单位在财务管理工作中融入预算管理的相关知识，有助于其高效地管控经费开支、提升财务管理效率与经费利用率。在事业单位开展预算管理工作是我国财政制度与事业单位的核心路线。

在事业单位针对财务预算实施预算管理举措之后，相关财会工作者可对整个预算所涉及的指标、执行效果等相关数据予以比较，并进行深入剖析，由此可知不同部门在实施其预算举措时，是否出现非正常开支的情形，同时将出现的问题向上级领导部门反馈与汇报，以便为事业单位调整现有的预算标准、规范等奠定参考基础。

在实施预算管理体系时，可采取措施有效地规范事业单位的资金结转或者闲置等过程的相关指标，针对已经结余的相关项目或超过两年还未投入使用的资金，基于财政存量金的原则予以管理，一方面，有助于提高这部分资金的利用率；另一方面，有助于事业单位降低违法风险。对于事业单位所推行的预算管理体系而言，其针对所有的相关负责人员分配了不同的职责，让相关人员得以根据预算体系制定的控制指标支出资金，减少事业单位所造成的资金浪费情形，避免其在非合理环节投入过多资金；另外，还有助于增强单位相关人员的预算责任观，增强单位的总体管理能力，使财政款项得到最大化利用。

2. 预算管理的意义

（1）保证事业单位具备履行自身职能的财力。事业单位主要在科学、教育、文化、卫生、体育等领域从事公益性业务活动。事业单位的业务工作所需经费，主要靠财政拨款（补助）、事业收入等经费来源解决，而财政拨款、事业收入均进入预算，有计划地筹集资金、安排支出，可以从财力上保证事业单位履行自身的职能。

（2）有利于加强国家宏观调控，实现财政的收支平衡。在国家财政预算支出中，很大一部分用于各项事业发展和国家政权建设的支出。事业单位资金收支活动，实质上是财政资金运动的继续和延伸。事业单位预算同财政预算紧密地联系在一起，使之成为财政预算管理体系中不可缺少的组成部分。因此，要实现国家宏观调控，实现财政预算收支的平衡，就必须加强对事业单位的预算管理。

（3）有利于提高事业单位的财务管理水平。首先，通过全面反映事业单位各项财务收支状况，为事业单位进行财务管理提供依据和基础。其次，按照预算规定的内容，事业单位财务管理可以有计划、有步骤地管好各项经费。再次，对事业单位收支预算的核定可以提供一种监督全年财务活动的工具，既可以促使事业单位积极组织收入，合理安排支出，提高资金使用效益，又可以保障预算资金和国有资产不受损害。最后，以预算为基础对实际工作进行评价和考核，可以及时发现问题并采取措施予以纠正。

（二）遵守事业单位预算编制的原则

事业单位的预算编制是在《中华人民共和国预算法》（以下简称《预算法》）的要求下进行的，在各级预算编制中需要严格遵守《预算法》中的各项编制原则，这是基本的前提条件。

第一，量入为出原则。量入为出即以收定支，要求事业单位在编制预算时充分考虑自身收入情况，避免出现赤字现象。

第二，综合和部门预算原则。综合和部门预算原则要求事业单位的预算编制要分级展开、逐级递进。预算编制需要事业单位本级和下属单位各个部门的全员参与，这样才能保证预算编制的合理性和可行性。

第三，一般不予调整预算原则。一般不予调整原则要求事业单位在预算编制完成后，若无特殊情况，通常是不予调整的，尤其是支出预算。一方面是为了严格控制事业单位的财务支出，保证支出的必要性和合理性；另一方面是为了保证事业单位预算的权威性，如果存在过多的预算外支出，那么预算编制的意义会减弱，而且会稀释预算编制的作用，这样一来，预算执行也会受到影响，整个预算管理将会受阻。

第四，实事求是原则。实事求是原则要求事业单位在预算编制时从自身实际情况出发，杜绝一切可能的弄虚作假，这是最基本也是最重要的一项原则。不同类型的事业单位在人民生活中所扮演的角色不同，对发展的需求也存在差异，一定程度上会影响预算编制中预算指标的上下限。因此，科学合理的预算必须以事业单位自身实际情况为起点。事业单位的预算编制一旦背离实事求是原则，将会增加法律风险、合规风险、财务风险，严重还会影响整个财务管理，致使事业单位不仅面临发展问题，更要面临生存问题。

第五，政策性原则。作为事业单位财务管理重要内容之一的预算编制，必须体现国家的有关方针、政策。在编制预算过程中，应当以国家有关的方针、政策和各项财务制度为依据，根据计划和行政工作任务的需要，正确处理需要与可能的矛盾，保证重点，兼顾一般，实事求是地编制组织预算，合理安排和分配使用各项资金。

第六，可靠性原则。事业单位预算一经批准，便要严格执行，一般不能调整。因此，事业单位编制预算要做到稳妥可靠，量入为出，收支平衡，不列赤字；对每项收支项目的数字指标，要运用科学的方法，依据确切可靠的资料和收支变化的规律，认真进行测算，切实做到各项数据真实可靠。具体来讲，单位的收入预算要积极可靠、留有余地，对没有把握的收入项目和数额，不能计进收入预算，以避免在收入不能实现的情况下支出大于收入，造成单位收支预算的失衡；支出预算要建立在稳妥可靠的收入基础上，不能预留硬缺口，以避免预算核定以后，不断调整支出预算。

第七，合理性原则。事业单位编制预算要正确处理整体与局部、事业需要与财力可能的关系，做到科学、合理地安排各项资金，使有限的资金发挥最大的效益。在编制预算时，既要按照保证重点、兼顾一般的要求，优先保证重点支出，同时也要妥善安排好其他各项支出。支出中有两部分必须优先予以保证：①刚性支出，如人员工资、社会保障费等；②满足业务工作正常运转必不可少的支出，如必要的公务费、业务费、修缮费、设备购置费等。

第八，完整性原则。事业单位在编制预算时，必须将单位取得的财政拨款和其他各项收入以及各项支出完整、全面地反映在预算中，不得在预算之外另留收支项目。

第九，统一性原则。编制预算时，要按照国家统一设置的预算表格和统一的口径、程序以及计算方法填列有关的收支数字指标。

第十，绩效性原则。部门预算应建立绩效考评制度，对预算的执行过程和完成结果实行全面的追踪问效，不断提高预算资金的使用效益。在项目申报阶段，要对申报项目进行充分的可行性论证，以保障项目确实必需、可行；在项目执行阶段，要建立严格的内部审核制度和重大项目建设成果报告制度，以对项目进程资金使用情况进行监督，对阶段性成果进行考核评价；在项目完成阶段，项目单位要及时组织验收和总结。

（三）准备预算编制资料

1. 核实预算的各项基本数字

基本数字是反映单位机构规模、工作量和人员配置等情况的基本统计数据，主要包括单位机构数、人员编制数、在职实有人数、离退休人数、房屋建筑物面积、机动车辆数、设备台数等基本数据资料。通过对上述数据的审核，剔除那些不实或非正常性的支出因素，如未经批准擅自超编的人数等，确定编制本年度预算的基本数字。

2. 分析现有预算的执行情况

事业单位上年度预算执行情况是编制本年度预算的重要依据。单位预算中的各项财务收支计划指标是以上一年度预算执行数为依据，并根据本年度事业发展计划和工作任务的要求，结合财力的可能来确定的。因此，正确预计和分析上一年度预算执行情况，是编制本年度预算的一项非常重要的准备工作，具体包括：统计上年度已发生月份的累计实际执行数，以预计全年收支数；分析上年度的组织计划和组织任务完成情况、预算执行情况，找出其内在规律性，分析、预测发展趋势；分析各项资金来源及变化情况；分析物价、收支标准及定员、定额的变化情况，计算其对预算期的影响程度；分析资金使用中存在的问题，研究提出改进意见；分析上年度出台的有关政策对预算期收支的影响程度。

3. 分析影响预算期收支的因素

在分析整理上年度预算执行情况的基础上，还要注意收集掌握同编制预算有关的因素，主要包括：预算期内事业计划和工作任务的安排情况；预算期内各类人员实有数或定员比例的变动情况；预算期内需要购置和维修的设备、房屋基本情况；预算期内市场物价和收支标准变动情况；预算期内新出台的政策对收支的影响情况。

4. 正确领会预算编制的要求

为了保证预算编制的统一性和规范性，在预算编制前，必须认真学习关于编制预算的规定，正确领会编制预算的有关要求，熟悉预算收支科目和表格，以便高质量地完成预算编制工作。

二、事业单位预算编制的方法

（一）事业单位预算编制的常用方法

1. 标准测算法

标准测算法是按照制度规定的收支标准，测算预算收支指标的一种方法。它是根据预先规定的具体的收支项目标准和相关的基本数字来测算收支指标的。它适合国家规定了明确收支标准的一些项目[1]。

2. 固定预算法

固定预算法，又称静态预算法，是指在编制预算时，只根据预算期内正常的、可实现的某一固定业务量（如生产量、销售量）水平作为唯一基础来编制预算的一种方法。一般应用于年度预算前计划已经基本确定的业务，或者那些收支情况比较稳定、可控的事业单位的收入和支出预算中。固定预算法也不是完全忽略外部环境等因素的影响，而是忽略那些影响过小或者当下难以片面估计、无法充分反映的因素。

3. 弹性预算法

弹性预算法，又称变动预算法、滑动预算法，是一种动态的预算编制方法，它综合考虑那些固定预算法下忽略的因素，相对而言会更加准确，但编制难度要比固定预算法高。其实，影响事业单位预算编制的因素比较多，而这些因素有的

[1] 比如，高等学校学费、防暑降温费、冬季取暖补贴、医院门诊挂号费、诊疗费等预算收支指标的测算，都可以运用标准法测算。

确实是当下经济环境中的可变因素，是预算编制中不得不考虑的。弹性预算法适用于对这些影响因素比较敏感的事业单位，比如高等院校在进行学费收入预算编制时要考虑学生人数浮动情况这一弹性因素，包括预算年度的计划招生数和在校生人数以及收费标准等。

4. 增量预算法

增量预算法，又称调整预算方法，是一种相对比较简单、容易操作的预算编制方法，广泛适用于事业单位，是在原有预算的基础上进行增减变动而得到的。“增”即增量预算，“减”即减量预算，增减的依据是相关人员对事业单位实际情况的分析预测。由于充分考虑了之前年度的预算，所以容易被接受和认同。但同样是因为基于之前年度的预算，会相对忽视一些新变化对预算指标的要求，从而影响预算编制的准确性。在当前社会发展环境中，变化是存在且较为频繁的，增量预算法的缺点会逐渐暴露出来。

5. 零基预算法

零基预算法的特点是预算编制从“零”开始，不受原有预算的束缚。零基预算法下，预算编制是根据事业单位发展计划和任务以及各项活动的必要性，合理确定收支预算，并在此基础上合理配置事业单位的各项资源，提高管理效率。虽然零基预算法不受原有预算的束缚，各部门可以根据各自的管理需求细化预算指标，能够激发内部人员的积极性，但应用零基预算法编制的难度会有所提高，事业单位需要投入更多精力，才能保证预算编制的质量。

6. 比例测算法

比例测算法是根据现有的数据，在其基础上按照一定比例测算预算指标的一种方法。它是以预先测算出（或规定）的一个基础数据为计算基数，然后按国家规定的适用比例与之相乘来测算预算指标的。它适合按比例掌握开支的经费预算。比如工会经费、住房公积金、社会保险缴费等预算指标，可以运用比例测算法进行测算。

7. 比较测算法

比较测算法是对与上年相同项目或与同类单位条件相同的项目进行测算时采用的一种方法。它的基本前提是项目具有可比性、可参照性。比如，办公费中的一般办公用品支出可以采用这种方法。

8. 推算测算法

推算测算法是对影响收支指标的各项因素进行综合分析后，估算有关收支指标的一种方法。比如，维修费、专业材料购置费等可采用这种方法。比较测算法和推算测算法通常在无法核定预算定额或无规定标准时采用。

（二）事业单位预算编制方法的应用

1. 项目预算编制

目前，项目预算在事业单位预算编制中比较常见，除了一些房屋的构建和大型设备的购置外，随着民生工程的推进，一些专项支出也需要编制对应的项目预算。在项目预算编制中，事业单位选择编制方法时要充分考虑影响项目本身的因素，尤其是外部市场环境的影响，所以，固定预算法和增量预算法则不太适用。

总之，事业单位的预算编制对其当下及未来的发展至关重要。在全面预算管理的趋势下，预算编制的难度加大，对事业单位是一个不小的考验。为了进一步提高预算编制质量，事业单位一要明确量入为出、实事求是、一般不予调整等预算编制原则，二要掌握固定预算法、弹性预算法、增量预算法、零基预算法等预算编制方法，在此基础上再将其具体应用到收入预算、支出预算、项目预算及其他预算编制中，这样才能使预算编制与事业单位的发展计划和任务相匹配，也更科学、更合理、更具可行性。

2. 收入预算编制

收入预算是事业单位预算编制的重点内容，不同类型的事业单位主要的收入来源不同，如学校有学费收入，医院有医疗收入，也有完全依靠财政拨款的事业单位，这些单位的收入预算编制是存在差别的，需要考虑的影响因素也不同。理论上，固定预算法、弹性预算法、增量预算法和零基预算法都适用于收入预算编制，但具体应用哪一种，需要充分结合事业单位自身特点，才能增强预算编制的合理性和可行性。

此外，在应用具体方法编制收入预算时，事业单位要按照收入类别设置对应的预算指标，逐项分析测算，逐项编制，对于预算年度内的预算外收入，也要按照相关要求具体列明。

3. 基本支出预算编制

事业单位的基本支出包括人员经费和公用经费，具体包括工资、福利费、社保费、公务费、业务招待费、小额办公用品购置费等。基本支出预算也是事业单位预算编制的重点内容，与收入预算一起基本涵盖了事业单位预算编制的所有内容。事业单位在选择编制基本支出预算编制方法时，要充分考虑自身支出结构以及预算年度内影响支出的所有因素和事项，尽量保证基本支出预算的准确性；同时，要严格控制预算外的支出，层层审核，以保证支出的必要性。理论上，预算编制方法都适用于基本支出预算，但零基预算法更能满足事业单位的需求。

第四节 事业单位预算管理办法与预算执行

一、事业单位预算管理办法

第一，事业单位预算是指事业单位根据事业发展计划和任务编制的年度财务收支计划。

第二，事业单位预算由收入预算和支出预算组成。国家对事业单位实行核定收支、定额或者定项补助、超支不补、结余留用的预算管理办法。

定额或者定项补助标准根据事业特点、事业发展计划、事业单位收支状况以及国家财政政策和财力情况确定。定额或者定项补助可以为零。

少数非财政补助收入大于支出较多的事业单位，可以实行收入上缴的办法。具体办法由财政部门会同有关主管部门制定。事业单位参考以前年度预算执行情况，根据预算年度的收入增减因素和措施，测算编制收入预算；根据事业发展需要与财力情况，测算编制支出预算。

第三，事业单位预算应当自求收支平衡，不得编制赤字预算。

二、事业单位预算编制的程序、审核与调整

（一）事业单位预算编制的程序

1. 单位上报预算建议数

在充分做好预算编制准备工作的基础上，按照财政部门和上级主管部门布置

的具体要求和规定的表格样式，编报单位本年度全部收入、支出建议数，包括申请财政补助建议数。单位预算建议数编制后，要写出较为详细的说明，并在规定时间内及时上报。基层预算单位直接报送主管部门；二级预算单位应将下属单位年度预算建议数与本单位汇总后上报预算主管部门；主管部门应将所属单位的预算建议数与本单位汇总后报送同级财政部门；与财政部门有直接经费缴拨关系的单位直接向财政部门报送预算报表。

2. 财政部门下达预算控制数

财政部门在接到经各主管部门报送的事业单位预算建议数后，先进行审核；然后结合预算年度财政可供给的财力，将有关预算控制指标（包括财政补助指标）分解下达到各主管部门或单位，作为单位编制年度正式预算的依据。

3. 单位编报正式预算草案

根据财政部门和主管部门下达的预算控制数，结合本单位预算年度的收支情况，特别是财政拨款（补助）数额的变动情况，本着“量入为出，收支平衡”的原则，分轻重缓急，对相关支出项目进行调整，编制正式的单位预算，经主管部门审核汇总后报财政部门。

4. 财政部门正式批复预算

财政部门在收到事业单位主管部门（或同财政有直接缴拨经费关系的公共组织）报送单位的预算后，对符合编制要求的，在规定期限内批复下达。单位预算一经批准，即正式成为预算执行的依据，各单位必须认真贯彻执行，不得随意变动。如果确需调整预算，应严格按规定程序进行。

（二）事业单位预算编制的审核

第一，政策性审核。政策性审核的审核内容是单位编制的建议数是否体现了国家的有关方针、政策和财务规章制度；是否符合国家关于编制预算草案的指示精神。

第二，可靠性审核。可靠性审核的审核内容是单位收支项目是否全部纳入单位预算，有无在预算之外另留收支项目；预算所列各项收支数字是否稳妥可靠；预算的编制是否坚持了“量入为出、收支平衡”的原则。

第三，合理性审核。合理性审核的审核内容是单位收入来源是否合法、合理；资金分配和各项支出项目的安排是否恰当；预算收支安排是否符合国家预算管理体制的要求。

第四，完整性审核。完整性审核的审核内容是预算编制的内容是否完整；口径是否与编制要求相一致；资料是否准确；预算编制的文字说明是否符合要求。

第五，技术性审核。技术性审核的审核内容是预算编制有无技术和数字上的差错。

（三）事业单位预算编制的调整

单位预算经财政部门批准后，在执行过程中因特殊情况需要调整的，可以按照规定的程序报批后进行预算调整。

1. 单位预算的追加或追减

单位在预算执行过程中，当国家政策、计划和任务等有较大变动，如提高员工的工资标准，经过批准增加或撤销机构等，对单位收支预算影响较大时，可以按照规定的程序，报经主管部门或者财政部门批准后，办理年度预算的追加或追减。

单位预算追加或追减的事项，应遵循下列要求办理：财政预算拨款和从财政专户核拨的预算外资金预算需要调整时，应按规定程序逐级报请主管部门或财政部门审批。其他各项收入预算发生变化需要调整的，根据收支平衡原则由单位自行调整并报主管部门或财政部门备案，由主管部门或财政部门批复决算时审核确定。收入预算调整后，要相应调整支出预算。

2. 预算科目的流用

预算执行过程中，由于原定预算指标预计不周，或者情况发生变化，为了保证计划和任务的完成，需要在预算科目之间进行相应的改变或调整。科目之间的流用、调剂权限必须和审批权限相一致；调剂只能此增彼减，不能突破预算总额；调剂要有利于提高资金使用效益。

三、事业单位预算执行的任务

（一）依法组织收入，保证任务完成

单位预算中由单位自身组织的那部分收入是尚未实现的收入，各单位要根据核定的收入预算，按照国家政策规定，依法组织收入，把应收的各项收入及时、足额地收上来。同时，各单位要加强收入管理。依法取得的各项收入要及时入账，不得坐支。按规定应当上缴财政预算的收入要及时足额上缴。上缴财政专户的预算外资金，也要及时、足额地缴到财政专户。主管部门和财政部门对单位应缴未缴财政预算和财政专户的资金要督促催缴。

（二）合理分解年度预算，落实管理责任

各单位要根据财政部门和主管部门核定的预算，紧紧围绕事业计划和行政任务，及时将收支指标分解到单位内部各有关部门，同时提出管理的目标、要求和责任。通过对年度预算的合理分解，调动单位内部各部门当家理财的积极性，这是保证完成单位预算的重要条件之一。同时，单位财务部门要加强对单位内部各

部门的指导工作，合理控制用款进度，保证预算期间各阶段的资金需要。

（三）及时分析收支情况，保证年度预算的顺利完成

在单位预算执行过程中，财政部门应当建立、健全定期检查、分析、考核制度。检查、分析、考核的内容主要包括各项收支预算的执行进度是否与事业计划、行政任务的进度情况相协调；各项费用支出是否按照预算、制度执行，有无铺张浪费和滥支乱用资金现象；各项收入的组织工作是否符合国家政策规定，有无应收不收或多收、乱收和错收现象；应缴财政预算资金和应缴财政专户资金是否及时足额上缴。在检查、分析、考核的基础上，实事求是地总结预算执行过程中的经验，保证年度预算的顺利完成。

（四）加强支出管理，控制支出预算

预算执行过程中，各单位要认真遵循年度支出预算，不得突破。各项支出要严格执行国家财务制度和财经纪律，不得擅自扩大开支范围和提高开支标准，也不得随意改变资金用途和支出规模。财政预算拨款和预算外资金收入有指定用途的，应当按照指定用途使用。

各单位要正确运用各种财务管理手段，不断强化单位财务收支管理，充分挖掘内部潜力，实现各种资源的优化配置，提高资金使用效益；要积极开展财务分析与监督，严肃财经纪律，避免和防止损失浪费现象的发生。

第二章 事业单位的全面预算管理

第一节 事业单位全面预算管理的重要性

一、全面预算管理的基本概念

（一）全面预算管理的内涵

全面预算管理从某种意义上说是广义的预算，强调的是预算的广度和深度。“全面预算管理能够为企业提供价值引领与统筹规划，对强化企业控制管理至关重要。”它利用预算分配、控制、考核单位内部各层级各部门的各种财务及非财务资源，从而使单位的生产经营活动有效地组织和协调，完成单位既定的经营管理目标。它强调的是全过程、全方位及全员参与。通过全面预算管理的有效控制，可以使单位的经营目标向每个部门、每个岗位甚至每个人的具体行为目标转化，成为各责任单位的约束条件，从而从根本上保证单位经营目标的实现。

全面预算管理作为一种新型的整合单位管理的管理模式，其内涵主要体现在战略性、综合性和全面性。全面预算管理的战略性主要体现在预算通过整合单位业务、资金和信息等一切的单位资源，从而达到协同作业高度和合理配置资源的目的，建成适应单位发展战略的保障体系。可以说只有通过预算，战略才能在单位不同部门、不同环节得到体现，它是战略实现的有效工具。只有依托预算，战略才不是空洞且无法执行的；同样，没有战略的指导，预算将会造成单位的短视，从而大大影响单位的市场竞争力。

全面预算管理的综合性主要体现在预算职能和预算内容两个方面。随着时间的推移，全面预算管理已由原来的成本控制的方法演变成涉及资源有效配置、单位绩效评价及影响单位战略管理的综合管控体系，它的内容也由单一财务预算发展成财务预算、资本预算和业务预算并重。在全面预算管理执行过程中使这三者达到和谐统一。单位以业务预算和资本预算为基础，制定资金预算和成本预算。同样，资金预算和成本预算反过来影响业务预算和资本预算，使这三者之间协调统一，从而实现单位资源的有效配置，统筹安排单位资源的使用，从而实现预算目标。

全面预算管理的全面性体现在全员参与和全程控制。全员参与是将预算指标层层分解，落实在单位管理的每一层级和每一名员工身上，明确每名员工的职责范围，并使其参与到预算的执行过程中。全程控制是指从预算的编制、下达、执行到预算的考核评价等预算管理的每一个过程，都需要单位进行管理和考核，从而保证实现全面预算管理的效果。

（二）全面预算管理的优势

全面预算的推行是为了单位整体战略目标的实现，实现单位价值最大化，而不是实现某个业务或某个业务单位利益最大化。因此，对于多业务的单位，尤其是集团单位，需要进行全面预算管理。全面预算管理具备如下优势：

第一，全面预算管理有利于单位实施责任制。预算有助于管理者通过计划具体的行为来确定可行的经济与非经济目标，落实责、权和利，同时使管理者考虑各种可能的情形。

第二，全面预算管理可以促进内部合作与交流。总预算能协调单位的生产经营活动，使管理者全盘考虑整个价值链之间的相互联系；同时，预算是一个有效的沟通手段，能触及单位的各个角落。

第三，全面预算管理有助于单位进行业绩评价。通过预算管理各项目标的预测、组织实施，能促进单位各项目标的实现，保证单位各项目标的不断完善、优化，这是体现单位业绩的一种良好的管理模式。

第四，全面预算管理可以完善员工激励。全面预算管理的过程会促进管理者及全体员工面向未来，促进单位发展，有助于增强单位对未来的预见性，避免盲目行为，激励员工完成单位的战略目标。

（三）全面预算管理的原则

（1）可行性[1]原则。单位编制的预算要具有可操作性，尽量采用可量化的指标。单位处在一个多变的环境中，存在许多不可控因素。全面预算管理下的业绩考核要剔除不可控因素对预算执行造成的偏差，使预算具有可行性。

（2）实事求是原则。确定预算目标时，单位各个层级都要根据外部市场状况，结合本单位的实际情况，采用适宜的预算方法，合理确定预算额度。在预算编制过程中，对收入、成本、费用等预算编制采取稳健、保守的原则，实现以收定支，避免出现高报费用或低估收入的现象。

（3）权责对等原则。单位要按照可控原则给各个层级划分明确的职责范围，从而形成责任中心。相应地，给各个层级相应的授权，明确规定单位各个层级的

[1] 可行性是指对过程、设计、程序或计划能否在所要求的时间范围内成功完成的确定。

职责、权限。被授权人在预算执行过程中对相应的结果承担责任，并分享相应的利益分配，各个层级都拥有在自己的职责范围内进行决策的权限。

（4）效益优先原则。效益优先是单位管理在优化资源配置方面的原则。如何取得并提高单位效益（包括经济效益、社会效益和生态效益）是单位管理需要面对的根本问题，因此，单位的预算应当从妥善处理局部与全局、内部与外部、近期与远期等关系出发，以效益优先为中心来制定和展开，统筹兼顾，权衡主次，确保单位效益最大化的目标得以实现。

（5）战略性原则。单位全面预算管理是实现单位战略具体化的一种先进的管理方法。单位的发展战略要在预算管理思想中有所体现，要依据单位的战略规划编制单位的全面预算，服从单位的战略发展目标，并与单位具体的经营方针一致。在建立绩效评价指标体系时，同样需要考虑战略性原则。在看待业绩评价时，眼光要放长远，从长期发展的角度规划单位的发展，这样才能使业绩评价与单位战略不断靠近。

二、全面预算管理对事业单位的重要性表现

第一，全面预算管理的有效落实，有利于事业单位及时发现运行管理中存在的问题与不足。通过深入分析，掌握市场经济发展走向，明确单位运行发展的各种影响因素。在结合单位内外部发展环境的基础上，针对性落实优化与调整措施，为单位实现社会价值与社会效益最大化目标奠定基础，进而更好地应对新政策环境。为了保证全面预算管理工作的规范开展，事业单位应建立完善的管理制度体系，根据制度内容，优化配置各项资源，尤其是调整资金配置结构，加强资金使用的全过程监管，提高资金利用率。

第二，全面预算管理工作的有序开展与落实，有利于事业单位管理人员及时掌握实际业务活动与管理活动开展的进度及实际开展中存在的问题，为单位决策提供重要依据，确保管理决策的科学性与可行性，为单位加强运营建设夯实基础。

第三，事业单位可以通过加强全面预算管理有效解决传统管理模式遗留的问题。从本质上讲，事业单位实施全面预算管理的最终目的在于推动财务管理向国家财力资源合理配置倾斜。严格按照纪律要求，加强对事业单位财政预算的监督管理，不仅可以降低事业单位产生财政危机风险的不确定性，还可以合理避免违规违纪问题。

第二节　事业单位全面预算管理的完善对策

一、树立全面预算管理理念

树立全面预算管理的整体观念、计划观念、责任观念、弹性观念，强化全面预算管理意识，使全面预算管理深入人心。事业单位应从整体视角出发，优化事业单位部门权限、明确职责分工，并遵循“谁主管、谁公开、谁负责”的总体原则，对事业单位各类采购计划、业务发展计划、专项计划等提前进行量化、具体化，宏观决策、细节着手，将各业务部门未来工作统一规划部署，并对特殊突发事项进行弹性处理，资金经费精化细分，做到全面预算管理的全节点、全流程、全方位管控。

第一，转变以往的管理理念和思维，将社会效益放在首位，并将全面预算管理上升至单位战略层面，是事业单位高效开展全面预算管理工作的前提条件。对事业单位工作者而言，要在政治思想上保持一致，转变思想认识，积极参与全面预算管理，认真执行国家预算管理工作规定，提高对全面预算管理的重视程度，革新管理理念和管理模式，提高管理技能。对相关领导而言，必须在思想上深刻意识到全面预算管理工作的重要意义，明确全面预算管理工作并不只是财务人员的主要职能，而是全员的职责，只有在全面预算管理工作中发挥带头作用，全面预算管理工作的总体目标才能实现。

第二，加大内部宣传力度，引导全体人员正确看待全面预算管理，在单位内部营造良好的工作氛围。

第三，设立独立的预算管理委员会，并委派专业人员定期组织开展以全面预算管理为主题的培训活动，提高预算管理人员的综合素养。在培训结束后，及时开展考核工作，确保培训活动落地。

第四，不定期开展以全面预算管理为主题的多样化的活动，以免员工对其产生抵触情绪。

二、采取合适的全面预算编制方式

第一，全面预算管理的各环节之间联系密切，预算编制环节的科学性与合理性直接影响后续工作的开展。目前，随着我国对全面预算管理的不断研究与应用，市场上现已涌现大量预算编制方法，如零基预算、弹性预算等，事业单位必须基于自身实际情况选择一种或一种以上的预算编制方法，确定预算编制范围，合理编制预算规划，以增强预算规划的实用性。

第二，财务人员应加大对预算编制方法的学习力度，明确各预算编制方法的使用范围、优势、特点等，根据实际工作需要组合使用多种预算编制方法，优势互补，从而增强预算编制环节的合理性。

第三，单位必须遵循全员性原则实施全面预算管理，财务人员应充分认识到自身在全面预算管理中承担的责任，加强与各部门之间的沟通，确保各部门有效参与预算编制，解决以往管理模式存在的信息壁垒问题，稳步提升事业单位的整体工作水平。

三、加强预算执行的全过程管控

预算执行是全面预算管理的难点，需规范预算执行行为、强化预算执行监管，将合理、有效的预算执行常态化，提升预算执行力度。

第一，事前控制[1]。事业单位需提前制订预算执行方案，科学预测预算执行中可能存在的风险与不足，在结合单位实际情况和发展需求的基础上，制订可行的风险防控预案，以及时应对风险，减少不必要的损失。

第二，事中控制[2]。动态监管预算执行全过程，及时优化与应对预算执行偏差。同时，加强预算执行调整，当遇到不可控因素导致必须调整预算时，应严格按照单位审批流程提交预算调整申请，审批通过后才能予以执行。

第三，事后控制[3]。在预算执行环节结束后，事业单位应针对本年度预算执行情况及时开展对比分析工作，总结经验和教训，为下一年度预算编制工作的开展提供参考。

[1] 事前控制是在企业的经济活动进行之前，从价值管理的角度，进行不同方案的选择、可行性研究以及对效益的评价。

[2] 事中管理是指事物发生变化过程中，通过制定相关的管理办法、管理措施以及实施有效的管理行为，尽量避免出现不好的结果。

[3] 事后控制是指在问题偏差发生之后，才启动控制程序、改正问题，因此又称回馈性控制。

此外，建立预算执行考核制度，以预算资金绩效监控、绩效评价来反推单位人员对预算执行监管和执行实施的重视程度，做到奖罚分明。对可根据预算执行情况适当调整预算指标的，报经财政部门审核后，可追加相应经费；对未完成的，先督促加紧预算执行，再降低下一年度预算数额。

四、建立健全预算管理绩效考核与管理机制

建立健全预算管理绩效考核与管理机制，是事业单位全面预算管理工作高效和规范化开展的基础。

第一，建立合理有效的奖惩激励机制。以预算考核结果为依据落实奖惩措施，真正做到奖惩有度、奖惩分明，增强员工的工作热情和积极性，并防止各预算实施部门出现不管全局效益、只顾局部利益，甚至危害整个事业单位的利益的现象。

第二，剖析事业单位预算编制的实际情况、经营中出现的问题与风险等，将成本管控情况、预算调整程序等通过平台发布、披露，以广纳意见和建议。基于具体的全面预算管理考核与监管体系修改意见，进一步优化工作模式，引导各计划实施单位超额完成计划目标，使预算管理工作发挥显著功效，提高事业单位的竞争力。

五、加强人才队伍建设

专业的预算管理人才是全面预算管理的工作关键，其专业技能和职业素养是贯彻落实国家对全面预算管理工作相关要求的核心基础。所以，要加强人才队伍建设，全面提高财务管理人才的专业素养，强化事业单位财务管理的全员成本意识。事业单位要转变过去的计划管理理念，把全面预算管理工作提高到国家战略

管理的全新高度，全员投入，以确保全面预算管理工作的顺利开展。同时，还要完善全面预算管理人员的培训制度，提升整个单位的全面预算管理工作能力。

（一）制订专业知识教育培训计划

结合单位实际，制订科学、合理的预算管理专业知识教育培训计划，确保相关财务人员和预算管理人员有时间学、有信心学，做到学懂弄通。常见计划有选派财务人员和预算管理人员参加全国范围内、省市级的预算管理培训活动，也可力邀预算管理行业专家为单位财务人员和预算管理人员讲解最新的预算管理知识理论，现场演示预算管理实例，做到活学活用，确保专业知识教育培训计划落实落地。

（二）加强交流研讨

定期开展交流研讨，是不断加强全面预算管理学习、提升业务能力的有效方式。线下沟通交流，可以以单位的名义到全面预算管理工作开展较好的单位去学习，将对方好的管理模式及工作流程研究透彻，着重学习对方好的方式和方法，并把自己在实际工作中遇到的预算编制难点、“瓶颈”一一诉说，请对方指点迷津；线上研讨连线要充分利用好钉钉、微信等工作群，展开问题讨论研究，集思广益、取长补短，在“众人拾柴火焰高”的氛围下，实现全面预算管理业务水平共同提高的目标。最后，事业单位要对交流研讨经验进行总结凝练，通过深入剖析，将研讨成果充分运用到全面预算管理实践中，形成发现问题、解决问题、整改提高的良性循环。

总之，只要事业单位在树立全面预算管理理念、规范预算编制、夯实预算执行和培育预算管理人才等方面不断蓄力发力，全面预算管理终究会发挥其最大效能，服务于事业单位发展，进而提升事业单位的整体管理水平，为巩固我国公共财政制度体系和经济社会持续健康发展贡献力量。

第三节　案例分析——以地质勘查单位为例

近年来，地质勘查事业单位在国家工程建设、查找矿产资源等方面做出了重要贡献，可以说，地质勘查事业单位的长足发展直接影响着国家的经济建设。对此，为提高财政资金使用效益，推动地质勘查单位的长远发展，加强预算管理，并保障预算管理的全面落实具有重要意义。

一、地质勘查行业的特征

（一）投入高、风险大、周期长

地质勘查行业在勘查阶段，只有生产投入没有生产产出，因此，地质勘查行业本身并不能维持基本的产品再生产，这也是其到现在还是事业单位的原因。

（二）地域分布广阔

地质勘查行业在属地化管理后，各个单位基本以省为地域范围，管辖各自辖区内的下属单位，在全国范围内广泛分布，而各个分属单位距离各自的单位总部较远，经营管理上比较自制，给各个总部单位在统一控制和监管上增加了难度。

（三）具备第一、第三产业功能

地质勘查行业第一产业（矿业）是企业维持生产再循环不可缺少的一环，是能够维持资源的消耗（开采）与补偿（找矿）的权衡支撑点。同时，地质勘查单位还能作为服务提供方，面向社会提供各种地质工程勘察及技术服务。前者是主体，后者是客体，后者为前者提供服务。

（四）经营活动专业性强，多元化发展范围广泛

地质勘查行业以煤田、冶金、石油、天然气等地质勘探及延伸业为主业，以加工制造业、商贸业、服务业等综合产业为辅业，其涉及范围广泛，专业性比较强。经营的多元化发展促使地质勘查单位逐渐走向市场，拓宽了地质勘查行业发展的思路，给队伍的稳定和持续、健康的发展做出了积极贡献。

二、地质勘查行业实施全面预算管理的必要性

第一，减少地质勘查单位营运和财务风险。全面预算管理要求在规划过程中对不确定因素进行充分研究，对企业经营风险提前防范，在预算执行过程中加以掌控，风险得到事前防范、事中控制的效果。它要求地质勘查单位必须制定有效的战略规划，并以此为依据编制各部门的成本预算、投资预算等，既可以为决策提供坚实有效的依据，又可以规避风险。

第二，有效整合与使用资源。全面的预算管理，从预算编写、过程中的掌控到事后的审核与调整，可以对地质勘查单位的资源进行合理有效的整合，避免资源浪费。

第三，实现对地质勘查单位经营业绩的考核。全面预算管理能促使财务管理走向集约型，从经营结果（利润预算）扩展到经营过程（业务预算和资本预算），再深入到经营质量（资产负债预算和现金流量预算）。它可以限制预算的随意性，对各个预算表之间起到相互制约的作用，在资金使用上实现预算后再使用，从而使计划效率得以提高，使地质勘查单位的经营业绩考核不再只留于表面。

三、D 单位全面预算管理体系的实施构建

D 单位[1]隶属于 S 省地质勘查局，拥有独立事业单位编制，下面就对其全面预算管理进行案例分析。

（一）确定 D 单位的目标

在全面展现 D 单位预算目的的过程中，需要制定出能够整体体现预算指标的系统。D 单位对于资金的提前规划以及相关系统的制定需要展现出上级 S 省地质勘查局对该单位的经营效益考核，它是上级主管单位对其发展的引导方向，当然也将成为该单位奋斗发展的动力。

D 单位是 S 省地质勘查局的下属单位，S 省地质勘查局对其预算的编制要求是以利润为编制起点，其考核主要指标也是利润。因此，以 D 单位的经营目标为基础，预算的制定应以“业务目标利润预算”为基础编制，以“现金流量”为主线，结合其实际状况设立不同的预算指标。该指标系统共分为四项，即对资本、业务、财务、资金的预算。并且，各个部门应该拥有各自的预算表单，将各项目核实后及时上报。

（二）建立 D 单位的组织体系

在确定了预算目标和预算指标体系之后，D 单位需要构建全面预算管理的组织体系，这是预算目标实现的组织保障。D 单位需要按照系统全面、分工明确、执行有力等原则构建预算管理组织体系。

---

[1] D单位组建于1996年，部分资金源于国家的“全额拨款”，部分项目资金自筹，是集设计、勘查、施工于一体的具有独立法人资格的事业单位。经营业务范围包括煤田、水文、工程、环境、遥感、灾害等地质工作，以及岩土测试、物探测试、桩基检测、室内环境污染检测、煤质化试验、岩矿鉴定、软弱地基处理、瓦斯、水质分析，浅层油气井、边坡加固、滑坡治理、煤层气研究与开发、矿山生产服务咨询、安全评价与咨询等。D单位设备齐全、专业全面，技术扎实。

D单位根据行业特点及自身组织架构设置了预算管理委员会、预算管理办公室、各经营专业预算项目组、各类成本预算组以及各目标考核小组四级预算组织机构。其中，预算管理委员会是总体领导，以下的各个预算管理组织则全面负责组织具体预算的编制、评审、修正、执行跟踪、分析反馈和考评等工作。

（三）构建D单位的总调控体系

1. D单位全面预算管理的执行

（1）收入预算的执行。向上级单位请示得到的拨款需要各负责部门依照获准执行的项目和内容等，通过财务处向上级汇报，按照报表所示领用资金；确保各项收入及时，并经常监控预算中收入方面的进展情况，迅速高效地解决产生的问题；不在预算范围内的收入不能直接使用，而应该按照相关法律和部门条款的要求收入财政专户，保证收入和支出要独立成项。由国家财政拨发给本单位的预算外资金，应该按照规定的开支管理办法实行，归入单位的预算外收入款项中。

（2）支出预算的执行。D单位的总支出预算由项目经费、公用部分、人员消耗组成。在向全年目标努力过程中，这三项不仅独立存在，而且需要分别执行。每个责任中心需要根据获准执行的支出预算严格把关，并且构建完善的资金管理系统，提高资金的利用率。

财务部门应审核通过各实体责任中心有关预算资金的协议、合同。单位各个部门必须严格按本单位的条款完成支出过程，并对各个金额的流通环节进行控制，对经办人进行监管。经办人必须保证此项支出为合法、真实、完善的。其余支付过程必须按照该项目的开展程度及合同上的相关条例进行，之后由财务部门专门审查其支付流程和凭证等。再由经办人再度核实确认后才能报告给单位的部门负责人审查，最后由主管签字确认，整个过程才算完成，就此办理拨付。如果整个申办过程出现不合预算安排或手续缺失的现象，财务部门应禁止向外拨款。

下级单位不可擅自增加支出，即以下行为被禁止：支出超过预期范围、取消预算而增加开支；各种形式的对外投资；将预算资金安排基本支出；伪造、变造虚假合同或发票骗取预算资金；用财政拨款安排自筹基建支出；采取各种手段虚列支出；等等。

（3）制定预算执行反馈体系。D 单位的下属单位要按照一定的要求向预算管理办公室报告预算执行的具体落实情况（定期和专项报告）。

第一，定期报告。它是指一段时间内各个部门所完成的预算执行情况，可分季度或年度报告等。其中应该包含以下项目：收入和支出、审批情况、项目进程及资金消耗、政府预算以及产生的主要问题和解决办法等。

第二，专项报告。专项报告是指按照预算管理办公室的条款上报的具有针对性的报告。

第三，报送形式和期限。定期报告中，季度性报告需在时间结束的 20 日内，报送预算管理办公室；而年度报告的内容可与报告部门的财务决算报告一起上报。最后的专项报告必须遵照单位要求完成并上报。

（4）调整预算。对预算的调整并不常见，只有在引起了预算编制基础的改变或在实行工作方向上出现困难的情况下，才不得不分阶段调整预算。调整预算需要遵循的守则包括：①调整结果必须顺应单位全年工作指标和计划前景；②保证在总预算可调节范围内进行项目预算的调整；③调整过程中需要保证收入和支出相对稳定。

调整的过程包括：①由部门责任中心向财务部门提出预算调整申请；②通过财务部门审查改善后，优化预算调整方案，由预算管理办公室审查后上报至预算管理委员会审批；③调整方案获准执行之后，通过财务部门下达命令，再交由相关各部门执行。

2. D 单位全面预算管理的监控

（1）建立以财务监督为主导的监控系统。财务的主导监控能使预算得到及时、全面的监控，从而使预算监控力度得到切实加强。D 单位可将平时各下属单位的运营成果和资金消耗量汇聚成报表，每月、每季度或每半年上报一次，加大对成本流失的调控力度。

财务部门在其中起到分析与监督的作用，为预算管理委员会，即领导层对预算分析考评提供有效、专业的依据。当然，全面预算管理不仅是财务部门的工作，但其起到的作用十分重要。

（2）建立有效的预算管理预警系统。为了更好地对预算进行管理，预警系统必须具备以下功能：

第一，内部预警功能，即在发生额接近预算额度的情况下，可以自动启动的内部预警功能。这是凭借该系统本身对现有数据计算分析后得出的结果，能够及时对有关部门给予警示，并呈现出计算结果和可用对策等。

第二，外部预警功能，即出现预算计划范围外的活动时发出的警告。这种功能来自授权控制系统，旨在提醒有关部门根据预设的指令及时测算和校对。

（3）做好预算差异比对研究工作。每年的预算结果出来以后，预算管理办公室需要将 D 单位去年的预算支出数据对应相关准则进行分析，然后向预算管理委员会报告。通过这种方式，可以很容易看出支出项或是制定的准则是否合理，进而及时改正，使相关准则更实际，增加来年预算的精确程度，保持良好的循环导向。

3. D 单位全面预算管理的信息反馈与分析

D 单位的领导层将上报的预算与执行结果进行比较分析，对各个职能责任中心实行考核。D 单位应建立完善的全面预算管理的一定时间内的解析和上报系统，对全面预算管理全程监控。每个月上报一次，每个季度对数据进行分析，每年考证核对。其中各个季度完成预算的解析考察后，要将数据变化上报给预算管理办公室。每个季度召集全单位的各层级领导和相关部门负责人开会，分析公司财务现状，考察下属单位的经济运行和预算执行状态并在全单位进行通告。

加强预算执行的预警分析，收集与预算有关的所有运营数据。在分析数据后，D 单位可以预计出那些可能会对将来的预算产生较大影响的项目，并对其做出调整。一方面，在预算执行过程中要实时监控，解决出现的数据差异等问题，保证完成预算目标；另一方面，需要对预算执行产生的结果进行分析，通过比对计划内容，得出合理建议，控制预算局面。对于已发现的与计划有出入的部分，有利的进行积极推广，不利的进行调整和改善。

4. D 单位全面预算管理的考核与激励

D 单位应该制定独特的考核系统，结合其他单位的成功案例，把预算、考核和薪酬三者有机统一起来，大力激发管理者及各实体单位的主观能动性和创新性，促进单位整体经济效益的提升。预算目标应促使各责任实体单位抓好生产经营、业务拓展开发，确保基本工作内容的完成或超额完成。其中囊括了很多由上级指派的各项硬性指标：生产收入、销售额、总盈利、现金流量等，这些指标和管理人员、各责任部门息息相关。全单位均以统一规定的考核核算口径为准。

各个隶属于 D 单位的下属、部门每年年末需要接受预算考察，总单位需要准备每个季度的考核方案。下属单位要进行每月的预算考核，相关奖惩在年末总体考察核实后执行。其奖励制度分为三个部分：①在本季度内达到预算标准，且到目前为止达到总预算标准的，奖励超过预算部分的一半金额；②在本季度内没有达到预算标准，然而总预算标准完成的，按照平常薪资发放；③总预算和本季度内预算都没有达到预算标准的部门只能得到基本薪资。

每一年结束时，二级单位要按照预算管理办公室制定的条规对预算进行核查，然后把数据上报给经营部门。经营部负责二级部门预算方面的落实工作，同时将实际预算结果回馈给上级部门。获准的预算和具体执行状况由财务部门反馈给内部审计部门，然后由审计部门及时将数据入库，保障财务监控的顺利进行。经营部依照入库的相关数据考察各个下属单位，进行相关的评优工作并发放对应的薪资奖励，同时要以公正、严谨的态度完成各项任务。

第二篇　医院全面预算管理

第三章　医院全面预算管理的概述

第一节　医院全面预算管理的相关概念及作用

“全面预算管理是贯彻和落实医院战略规划的重要管理工具，是医院内部精细化管理和稳健发展的必然选择。”医院全面预算，是一系列预算组成的管理体系，是医院依据战略发展规划、运营目标和资源情况，通过应用系统方法编制的医院总体运营、项目投资、筹集资金等一系列业务流程管理规范和计划。

一、医院全面预算管理的内容

（一）医院预算目标的确定

预算目标是医院全面预算管理的起点，也是医院预算编制的基本依据。在整个预算体系中，预算目标始终居于最高的统驭地位，它与医院战略、经营目标、外部环境以及内部资源状况相衔接，是医院战略发展目标在预算期内的具体体现，不仅明确了医院预算期内的奋斗目标，规划着医院各项资源的配置，而且为医院及各部门、各科室确立了必须遵循的基准。医院在实施全面预算时首先要围绕经营目标确定预算目标，并利用预算目标指导和约束整个预算编制及执行过程。

（二）医院预算的编制

医院预算编制是医院预算目标得以具体落实，以及将其分解为部门责任目标并下达给预算执行者的重要环节。医院预算编制得准确与否，不仅关系到预算目标能否落实，而且直接关系到全面预算管理的成败。预算的编制不可能一次完成，中间必须经历反复测算、平衡、协商，才能将切合实际的预算草案编制出来。

（三）医院预算的审批

医院预算的审批是全面预算的必要程序，医院年度预算的审批权属于主管部门及财政部门。医院根据财政部门下达的预算控制数编制预算草案，由主管部门审核汇总报财政部门，经法定程序审核批复后执行。

（四）医院预算的执行

医院预算执行是预算的具体实施，是预算目标能否实现的关键，它是全面预算的核心，是将预算变为现实的关键。医院应当严格执行批准的预算。经批准的医院预算具有权威性，是衡量医院日常业务、经济活动合理性的依据，医院在预算执行过程中应定期将执行情况与预算进行对比，及时发现偏差、分析原因，采取必要措施，以保证预算整体目标的顺利完成。

（五）医院预算的控制

医院预算控制是指在预算管理过程中的日常控制行为，它是医院全面预算管理顺利实施的有力保证。

医院在预算管理过程中，由于各种主客观因素的影响，预算执行的实际状况难免与预算标准发生偏差。为了纠正偏差，保证预算管理各环节的正常运行，医院必须对预算管理各环节进行日常监督和控制。医院预算控制主要包括预算编制控制、预算审批程序控制、预算执行过程控制、预算调整控制、预算分析与考核评价控制。在每一个控制环节，都要认真建立健全预算控制制度，落实控制和监督的责任制。

（六）医院预算的调整

医院预算是一种事前的计划，经财政部门和主管部门批准的医院预算一般不予调整。但是，在预算执行过程中，如果医院的内外部环境发生重大变化，导致预算不再适宜，就需要对原有预算进行调整。

医院预算调整的前提是预算执行过程中，出现了编制年初预算时未预见的特殊情况，如国家实施重大政策措施和国家财政收支情况发生变化，事业计划和收支标准调整，或者发生其他特殊情况，对经财政部门和主管部门批准的收支预算产生较大影响时，医院可按规定程序进行调整。此外，一般不予调整。

（七）医院预算的分析

为保证医院预算指标的顺利完成，切实落实预算责任，医院必须对预算执行情况和结果进行全面分析。医院预算分析是全面预算管理的重要内容，就是要把预算执行情况、预算执行结果、成本控制目标实现情况和业务工作效率进行对比，对预算编制、审批、执行、调整等各个管理环节工作进行检验，是总结管理经验和落实奖惩措施的基本依据。

医院预算分析最重要的是对预算执行情况的差异分析，就是将预算执行情况与预算指标进行对比分析，确定差异，分析产生差异的原因，落实造成差异的责任，制定改进、补救措施。预算分析的方法主要以定量分析为主，定性分析为辅，应定期检查分析财务预算执行情况，分析的结果要形成书面分析资料。

（八）医院预算的考核与奖惩

为了保证医院全面预算管理的有效性，确保医院预算目标的全面完成，必须建立健全科学的预算考核与奖惩机制，依据各责任部门的预算执行结果，实施绩效考评、奖惩兑现。

医院预算考核是发挥预算约束与激励作用的必要措施，通过预算目标的细化分解与激励措施的付诸实施，达到提升医院经济管理水平的目的。医院应将预算执行情况和绩效考核挂钩，提高预算执行的严肃性。通过预算绩效考核，全面总结评价各部门预算的编制是否准确，执行是否合理、准确、科学，调整是否合规等内容，以提高资金使用效率。建立完善预算收入支出绩效考评制度，将考评结果作为以后年度编制预算和安排预算的重要参考以及当前年度实施奖惩的依据。

二、医院全面预算管理的特点

（一）医院全面预算的权威性

第一，医院全面预算需经过严格的法定程序编制，由主管部门审核汇总报财政部门，经法定程序审核批复后执行。

第二，经过批准的预算，上至医院管理层，下至每一名员工都必须严格按照预算执行，是医院日常工作的行动纲领。

第三，医院全面预算的编制、执行、控制、考评及奖惩必须按照预算管理的要求执行。

（二）医院全面预算的规范性

第一，医院全面预算必须按照国家规定的方法来编制。国家对医院实行核定收支、定额或定项补助、超支不补、结转和结余按规定使用的预算管理办法。

第二，医院财务制度明确规定医院不得编制赤字预算。

第三，医院应加强预算管理，规范预算编制，维护预算的严肃性。医院预算的执行、调整、考核、奖惩必须按照规范的要求执行。

（三）医院全面预算的控制性

全面预算管理是医院管理控制系统的重要组成部分。因此，建立健全医院预算控制制度，有利于保证预算编制程序规范、审批程序合法、预算执行合规、预算调整有据可依、预算考核与评价奖惩分明。将全部经济活动纳入预算控制体系，对于加强财务管理，保障支出管理的高效性，提高社会效益和经济效益，促进医疗卫生事业的快速发展，具有十分重大的意义。

（四）医院全面预算的全面性

第一，全面预算管理贯穿医院业务活动的全过程，是以医院的发展战略、中长期规划及年度经营计划为基础的预算管理。

第二，预算管理过程全面。医院建立健全预算管理制度，可以对预算编制、审批、执行、调整、决算、分析和考核实施的全过程进行有效监管，发挥全面预算管理在医院经济运行中的主导作用。

第三，预算管理主体全面。医院全面预算管理需要医院自身、主管部门以及财政部门共同参与，各负其责，形成管理合力。同时，全面预算管理把各组织层次、各环节的目标有机地结合起来，明确它们之间的数量关系，有助于各个部门和经营环节通过正式渠道加强内部沟通并互相协调，从整个医院的角度紧密配合，获得最大效益。

三、医院全面预算管理的作用

全面预算管理源于企业，医院全面预算管理借鉴了企业全面预算管理的经验，其主要作用如下：

（一）明确目标，规划发展

医院管理者的主要责任就是在保持医院正常运作的同时，为医院把握正确的战略方向，有力地推进发展的进程，使医院获得生存和持续性发展。

预算以量化的方式规定了医院在一定时期内的预算目标和工作方向，并将预算目标按照医院内部各部门的职责范围层层分解落实，使预算目标成为各部门的具体责任目标。这就保证了医院预算目标与各部门具体责任目标的一致性，使各部门了解和明确自己在完成医院预算总目标中的职责和努力方向，进而驱动各个部门编制切实可行、具体的工作计划并积极实施，从而使医院目标通过具体措施得以实现。

（二）促进医院运营决策的科学化，提高资源使用效率

全面预算的整个计划过程和各项预算指标直接体现了医院运营活动对各种资源的需求情况，同时也反映出各项资源的使用效率，是医院资源配置的起点。遵循医院运营活动规律，采用科学的方法编制全面预算，是现代医院强化内部管理、增强市场竞争力的客观要求。

医院在编制全面预算前，必须做好医疗市场调查分析，进行科学预测，减少盲目性，降低决策风险，结合自身的资源状况，权衡利弊，科学合理地编制全面预算，使医院有限的资源得以最佳的分配使用，避免资源浪费和低效使用，从而达到增收节支、规避运营风险的目的。

（三）明确权责利，提高管理水平

全面预算管理通过预算编制将医院预算目标具体化和量化，全部分解落实到各部门、各科室、各环节，建立责任中心和责任追究机制，使各个岗位、各个员工的权、责、利得到有机结合，促使全体员工发挥主观能动性，调动全员参与管理的积极性，有利于提高管理水平。

（四）促进沟通与协调，提高工作与管理效率

全面预算管理是一个系统工程，任何一个因素、一个环节的变动都会引起整个系统的变动。医院预算管理的每一个因素、每一个环节都是互相影响、互相制约的。这就要求医院在预算编制及实施过程中，必须做到相互沟通与协调，减少相互间的矛盾与冲突，才能提高工作效率，完成医院的整体目标。

全面预算管理可以把“触角”延伸到医院各个部门的经济活动中，便于医院对经济活动事前预测、事中控制、事后反馈，实现全面监控，及时发现运营过程中各部门内部执行预算是否到位，各部门之间执行预算是否协调、均衡等问题，督促有关部门和责任人员全面、正确地履行职责，纠正不当行为，弥补损失。

一般而言，预算一旦编制完成，则具有较强的刚性，各部门必须按照预算分解下达的目标严格贯彻执行，每个责任人各司其职、各负其责，这就使医院的高层管理者不必事无巨细地参与具体事务管理，而是把工作重点放在考虑医院的发展战略上，更好地把握全局。同时，还有利于发现基层先进的管理经验，予以总结推广，提高工作与管理效率。

（五）为绩效考核提供依据

医院全面预算执行过程和结果是衡量各科室、各部门工作完成情况的重要依据之一。因此，预算指标不仅是控制医院运营活动的依据，还是考核、评价医院及各部门、各员工工作绩效的最佳标准。

医院通过对各部门及其员工预算目标完成情况的考核，划分和落实经济责任，评价各部门工作，对其工作绩效好坏进行客观公正的分析评价，并按照奖惩制度和

人事管理制度进行必要的奖惩，同时激励员工创造业绩，提高工作质量，促使医院全体成员为完成医院总体运营目标而努力。

第二节　医院开展全面预算管理的必要性与优化对策

一、医院开展全面预算管理的必要性

（一）适应医疗市场的需要

随着我国社会主义市场经济体制的不断完善，医疗卫生体制改革的不断深入，医院面临的内外部环境发生了巨大变化，市场经济规律在医院发展和管理中发挥着越来越重要的作用。市场经济的发展和医疗体制改革给医院带来了机遇与挑战。这些环境变化有：

第一，国家正逐步把一部分原来由政府承担的医疗卫生职能推向社会，公立医院所享受的卫生事业经费拨款占医疗服务支出的比例逐年降低，医院生存和发展所需资金绝大部分要靠自身业务收入来解决，并且需要医院加强管理，合理使用卫生资源，有效控制成本。

第二，建立公开、透明、平等、规范的健康服务业准入制度，民办非营利医疗机构享受与同行业公办机构同等待遇，简化对康复医院、老年病医院等的立项、开办、医保定点的审批手续，放宽对营利性医院的数量、规模、布局的限制等一系列政策措施使医院面临的竞争压力变大，医院亟须提升自身的市场竞争力。

第三，现代医学的发展使各种新技术、新材料、新设备、新药品得以推广和

使用。在此情况下，医院需要顺应现代医学的发展，对相关技术、材料、设备、药品等进行更新。

在此背景下，医院管理者必须加强医院经营，强化内部管理，促进医院的可持续发展。在此过程中，预算成为不可或缺的管理手段，并且发挥着重要作用。

（二）满足医院自身发展的需要

“在医院的各项管理工作中，全面预算起着举足轻重的作用。”目前，我国公立医院的目标是构建目标明确、布局合理、规模适当、结构优化、层次分明、功能完善、富有效率的公立医院服务体系，探索建立与基层医疗卫生服务体系的分工协作机制，加快形成多元化办医格局，形成科学规范的公立医院管理体制、补偿机制、运行机制和监管机制，促使公立医院切实履行职能，为群众提供安全、有效、方便、价廉的医疗卫生服务。有效实施全面预算管理既可以建立有效的公立医院管理体制，建立统一的绩效考核体系，又有助于完善医院管理监管机制。

（三）完善医院内部管理机制的需要

实行全面预算管理，可以使医院的各项工作融合在一起，避免出现各自为战的现象，相互协调完成工作，这样不仅能保证医院工作的效率，还能达到医院资源的最优利用和综合配置的目的。实行全面预算管理有助于完善医院内部决策机制，完善院长负责制，有助于实施院务公开，推进民主管理，促进医院管理的制度化、规范化和现代化。同时，也有助于医院在实行绩效管理时，划清责任，了解各部门及各科室完成业绩的情况，发现业绩不理想的原因。

预算管理是现代医院管理机制之一，具有机制性、战略性和全员性等其他管理手段无法替代的作用，全面预算管理的实施对于完善医院的内部运行机制具有重要作用。

（四）实现战略目标的需要

实行预算管理就是要确保医院战略目标的实现，医院管理需要站在战略的高度来考虑未来发展。医院在制定预算管理制度时以此为依据，才能有宏观的把握、方向的指引、全局的考虑，才能更有效地规范医院的发展。在医院整个管理控制系统中，预算与医院的战略规划之间实质上是一个以因果关系为逻辑主线、首尾相连的循环过程。一方面，在医院战略规划前提下，围绕医院战略目标的实现来进行预算管理控制，为预算提供一个可供遵循的框架；另一方面，预算作为一种在医院战略与运营绩效之间联系的工具，可以将既定的战略通过预算的形式加以固化与量化，以确保最终实现医院的战略目标。同时，以预算管理确定的标准为依据来衡量管理者的绩效，而医院运营的绩效反过来又决定下一步战略目标的制定。将制定、执行预算同医院战略相结合，有助于医院战略的实现。

预算管理控制可以在战略目标与战略执行之间起到桥梁作用，通过对医院战略目标的层层细化而形成的预算，可使预算责任分解，将战略和战略实施联系在一起，有助于医院战略目标的实现。通过对战略执行情况的跟踪及评价分析，可以及时察觉医院内外部环境的变化，并对医院战略目标及战略进行重新评审，及时对医院的战略做出调整。因此，医院战略管理与预算管理控制密不可分，不管从战略执行的内在要求看还是从预算管理控制的发展看，战略与预算管理控制的有机结合是医院预算管理控制的必然趋势。

二、医院开展全面预算管理的优化对策

（一）医院全面预算管理编制体系的优化对策

1. 确定合理的预算管理指标

医院要将其长远发展战略细化到每个预算目标中，使预算指标与战略目标保

持一致，选定的预算指标不仅要符合医院的长期目标战略，还要能细化分解成各个短期目标。医院的预算指标中不仅要有财务指标，还要有非财务指标。

2. 细化预算编制内容、改进预算编制方法

（1）收入预算编制。

第一，医疗收入预算编制。对于综合性医院，其预算编制可以编制得更加细致，细分到疾病分类。专科医院则恰恰相反，因为只有一个科或者少数几个科，开展的疾病种类有限，所以，从病种的角度编制预算收入则变得切实可行。

第二，科研收入预算编制。由医护科教办公室根据当年获得课题实际情况编制。

（2）支出预算编制。

第一，医疗支出预算编制。医疗支出预算编制可以采用零基预算和增量预算相结合的方法编制。例如，人员支出可以采用零基预算方法，根据科室人员岗位、职称和级别，依据医院薪酬体系编制人员的薪酬体系。每一项零基预算编制的支出预算，都要提供编制的依据，不能简单凭经验判断。药品和卫生材料的采购可以使用增量预算方法编制，即根据上一年度药品和卫生材料费用，结合今年业务量的增幅，设定药品和卫生材料使用量的增幅，从而推算出药品和卫生材料的采购增幅。

第二，科研支出预算编制。因为科研支出属于项目支出，大多数科研项目开展期在一年以上，科研支出适合使用滚动预算法编制预算。科研项目可随着时间的推移，按照季度同步推延预算支出。

（二）医院全面预算管理执行体系的优化对策

1. 加大预算管理的执行力度

预算管理科室对全院预算集中控制，各归口职能科室也要对归口的预算内容进行控制，科室主任在科室预算管理专员的协助下对预算指标进一步分解到每个岗位，对于分解的预算指标还要附解释和说明，使每个岗位的职员都清楚、明确地了解自己岗位在预算执行过程中的职责，调动全体职员的工作积极性。

2. 建立预算管理的例外调整机制

经法定程序审核批复后的当年预算原则上是不能调整的。但是，当医院外部和内部环境发生重大变化，原预算不再适用时，应当对原预算进行调整和修改。外部环境发生重大变化的情况有：医保支出政策变化、药品卫生材料或者诊疗项目价格调整、药品卫生采购政策变化等。内部环境发生重大变化的情况有：医院战略目标发生变化、医院经营范围发生变化、医院发生分立或合并等。以上每种情况都会对医院运营产生重大影响，会造成预算与实际产生较大偏差，此时需要对预算进行调整。

医院确实需要调整预算的，需按照法律法规的相关规定进行调整。

第四章　医院全面预算管理的组织与制度体系

第一节　医院全面预算管理的组织体系

一、医院全面预算管理组织体系的功能

第一，整合功能。合理的组织结构具有很强的整合功能，它能对组织中物质及人员资源进行有效配置和安排。通过结构的整合，使组织中的各要素形成一个相互依存、相互作用、相互补充、相互协调的有机整体，充分发挥组织中个体的智慧，强化组织的各项管理功能，从而达到整体功能大于局部功能的效果，顺利实现医院目标。

第二，沟通功能。组织结构是构成各管理部门沟通的主要渠道，合理的组织结构能够发挥组织沟通的功能，使管理信息渠道畅通，顺利进行上行沟通、下行沟通、平行沟通，有助于消除各种分歧、矛盾、冲突，使组织内人员、部门之间在思想上和行动上达成一致，从而进行密切合作，顺利实现医院目标。

第三，激励功能。合理的组织结构中，每一位人员都有明确的任务分工，有清晰的责任和权力，这样使组织人员既有归属感，又有明确的努力方向，能够人

尽其才，有助于组织和人员安心工作，促进工作人员之间合理的协调分工，激励人员努力工作，团结奋进。

第四，规划功能。组织的总体性质和功能是由结构的状态所决定的，结构可以把组织的性质和格局稳定下来，使组织形成静态的性质和规模。因此，组织结构具有规划的功能，它不仅能够通过结构的设计规划组织的目标和规模，而且能够通过结构的调整规划组织的发展方向。组织最重要的意义在于规划确定组织的总体格局，明确组织的职能、职责及各组成要素之间的相互关系。通过组织结构的设置和调整，可以明确组织的功能和目标，变革组织的战略方针，在组织内部建立完善的权责机制。

二、医院全面预算管理组织体系的构成

（一）医院全面预算管理的决策机构

决策，是为了实现特定的目标，根据客观的可能性，在占有一定信息和经验的基础上，借助一定的工具、技巧和方法，对影响目标实现的诸因素进行分析、计算和判断选优后，对未来行动做出决定。“决策是现代医院管理的核心要素。”构建完善的全面预算管理决策机构对于医院的预算管理具有重要的作用。

1. 医院的主管部门及财政部门

医院编制的预算应经医院决策机构审议通过后上报主管部门和财政部门审核批准，批准后医院要严格按照批复的预算执行。因此，按照医院财务制度的规定，主管部门及财政部门是医院全面预算的审核及批复的权力机构。主管部门（或举办单位）的职能是根据行业发展规划，对医院预算的合法性、真实性、完整性、科学性、稳妥性等进行认真审核，汇总并综合平衡。

财政部门的职能是根据宏观经济政策和预算管理的有关要求，对主管部门（或举办单位）申报的医院预算按照规定程序进行审核批复。主管部门（或举办单位）应会同财政部门制定绩效考核办法，对医院预算执行、成本控制以及业务工作等情况进行综合考核评价，并将结果作为对医院管理层进行综合考核、实行奖惩的重要依据。公立医院预算的编制与执行，必须按照主管部门及财政部门规定的预算编制要求科学、合理地编制预算，要严格预算约束，强化监督检查，严格预算执行，努力提高预算编制和执行质量。

2. 医院的预算管理委员会

预算管理委员会是医院实施全面预算管理事务的决策机构，它对于提高医院全面预算管理的科学性和权威性，保证全面预算管理的规范性和有效性具有十分重要的作用。医院全面预算管理涵盖医院的医疗、教学、科研等活动的全过程，需要各部门及各科室共同参与。医院本身是一个整体，在这个整体中，各职能部门及科室是相对独立的，它们各自承担着不同的工作任务，有可能在实际执行过程中出现冲突，从而影响预算的执行。因此，医院必须设置一个专门的预算管理部门负责协调整个预算管理工作过程，以便发挥预算团体协调控制与考评的作用。

预算管理委员会的设立具有重要意义，其在全面预算管理组织体系中居于重要地位，从根本上说，预算管理委员会是预算方案的综合审定机构，是医院内部全面预算管理的最高权力机构，其审定后的预算将成为各责任中心的最终执行指标。预算管理委员会的主要工作方式是定期或不定期召开预算工作会议。医院的预算经审定后报经主管部门及财政部门批准后方可实施。

预算管理委员会下可设置预算管理办公室，作为专门的办事机构。也可设置相应的预算分委员会，如价格委员会、业绩考评委员会和内部审计委员会等。

（二）医院全面预算管理的工作机构

1. 医院的预算管理常务机构

预算管理常务机构是医院行使日常全面预算管理工作的部门，一般可在医院预算管理委员会下设一个预算管理办公室，作为全面预算管理的常务机构。预算管理办公室既可以单独设立，也可以采用与财务部门“一班人马、两块牌子”的办法设立，还可以在财务部门下设立一个专门的预算管理机构。对于规模较大的医院，应尽量采取独立设置预算管理常务机构的形式。值得注意的是，若采取由财务部门管理或合署办公的形式，一定要注意财务部门是医院的独立职能部门，其作用限于医院的财务管理方面，而全面预算管理常务机构是预算管理委员会的组成部分，其作用涵盖医院的经营活动、投资活动和筹资活动。预算管理常务机构的人员除财务人员外，还应包括医务、人事、科研、技术等专业人员。

预算管理办公室负责处理与预算相关的日常事务，包括预算事前、事中、事后相关日常事务，以确保预算机制的有效运作，是联结预算管理委员会与各个预算责任中心的桥梁。

2. 医院的预算归口管理机构

预算归口管理即在组织开展全面预算管理工作时，将不同的预算项目根据关联程度和控制需要，赋予这个组织中有关主体（即相应职能部门）一定的管理权力。医院可以根据自身的组织结构、业务特点和管理需要，责成内部财务、设备、基建、人事等各预算归口管理部门负责相关预算的编制、执行监控、分析等工作，并配合预算管理委员会做好医院总预算的综合平衡、执行监控、分析、考核等工作。

在预算计划和控制流程中，部门管理者发挥重要的作用，因为他们是联结计划和执行的桥梁。如果他们不能理解或接受预算的目标和任务，就不会把目标和任务正确地传达给部门员工，目标结果也就无法实现。因此，部门管理者的积极合作和投入对预算项目的执行至关重要。通常医院设置的归口部门主要有财务部门、人事部门、采购部门、基建部门、总务部门、院长办公室等。

（1）财务部门。负责医院收入预算、支出预算及收支结余预算的编制，汇总各基层预算科室的收入和支出预算，编制医院总收入预算及总支出预算。

（2）人事部门。根据医院发展目标及人员配置结构，汇总并综合确定各部门人员增减数据向财务处上报人员预算，包括今年各部门的拟招聘人员计划，部门间人员调动计划以及各部门离职、退休人员计划等，便于财务处编制下一年度人员支出预算，并与各科室协商确定其业务计划变化。

（3）采购部门。负责医院各科室固定资产预算的申报汇总，如各项医疗设备的采购预算、医疗设备的维修及升级预算等，需要综合考虑各科室设备使用率、现有设备使用年限、设备总量、科室业务增长趋势等因素。

（4）基建部门。组织医院各科室进行工程类预算项目申报，如改建项目、新建项目、扩建项目等，并将工程预算及经济合同报送相关领导审批。

（5）总务部门。负责医院预算期内各项后勤业务预算的申报汇总，结合各科室使用面积、人员数量、物价水平等变化趋势，汇总填报医院水费、电费、日常办公设备维修、公务用车等预算。

（6）院长办公室。负责医院预算期内各项管理费用的申报汇总，结合医院人员数量、活动情况等变化趋势，汇总填报医院出国经费、业务招待费、差旅费、大型活动经费、重大行政办公费等预算。

3. 医院的预算管理监控机构

预算管理监控机构是对全面预算管理执行过程和结果进行监督、控制的部门。为保证全面预算管理的健康、正常运行，医院必须对各责任部门的预算执行及审议情况进行监控。控制方式一般分为事前控制、事中控制、事后控制。

一般情况下，医院全面预算管理监控体系由医院的预算管理办公室、审计部门或财务部门组成，医院全面预算管理监控部门的主要职责如下：

（1）医院的预算管理办公室。主要包括：①组织、协调预算管理的监控工作；②对责任部门的人事、工作效率进行监控；③对医疗、科研、教学的质量及安全进行监控；④汇总监督结果，对出现的差异及时处理或召开协调会。

（2）医院的审计部门。

第一，在医院全面预算管理中，审计部门负责对医院全过程活动进行监督控制。

第二，评价预算管理机构的效率、效果，促进预算管理素质和水平的提高，促进医院资源的合理分配，帮助改善预算管理，以提高预算管理的效率和效益。

第三，审计部门监督控制贯穿于预算执行的事前、事中、事后的全过程，主要包括预算制度审计、预算编制审计、预算执行审计、预算调整审计、预算考核审计等。

（3）医院的财务部门。作为资金管控的直接职能部门，财务部门在医院全面预算管理过程中承担多种职能，监督控制职能为其重要职能之一。监控内容包括资金监控、会计核算监控等。其主要职责如下：

第一，财务部门必须制订完善的收入、支出和资金占用计划，强化对医院资金运动全过程的监控和管理。对预算执行过程的资金流动进行监控。

第二，监督控制医院各责任部门的预算执行情况和收支情况，并对执行进度进行控制。

第三，对设备、物资的购买、库存管理等进行监督，对使用效率进行评价与监督。

第四，对预算执行过程的会计核算进行监控，包括各项支出、收入是否得到有效控制，有无违反财务法规和会计制度情况等。

第五，预算外开支是否履行了有关批准手续。

4. 医院的预算考评管理机构

预算考评是对医院全面预算管理实施过程和实施效果的考核和评价，是医院全面预算管理的一项重要职能，是对各预算责任中心的预算执行情况和执行结果的评价，并将考核结果与奖惩相结合，确保全面预算管理的各项工作落到实处，使预算工作不断完善。考评方式一般分为事前考评、事中考评、事后考评。

一般情况下，医院预算考评机构由预算管理办公室、财务部门或人事部门组成，其主要职责如下：

（1）医院的预算管理办公室。主要负责预算管理考评工作的组织领导工作和考评工作方案的实施。

（2）医院的财务部门。主要包括：①对各预算编制部门编制预算数据的准确性和预算编制及时性进行考核、评价，确保预算基础数据真实、可靠；②定期对预算执行和预算标准之间的差异做出分析，及时发现预算执行中存在的预算偏差和问题，为纠正预算偏差或预算调整提供依据；③预算执行完成后，对预算执行情况实施综合考评，确定预算差异并分析差异产生的原因。

（3）医院的人事部门。医院的人事部门运用科学方法、结合医院具体情况制订奖惩方案，确定考评指标；根据财务部门的执行分析情况，落实考评制度，将预算执行情况与奖惩挂钩。

（三）医院全面预算管理的执行机构——医院预算责任中心

财务预算必须具有可执行性，预算目标需要逐级分解到各责任主体，医院预算管理执行机构是各级预算责任的执行主体。各预算责任中心是以医院的组织结构为基础，本着高效、经济、权责分明的原则建立的，它们既可以以医院总体为单位，也可以是部门及科室，如各临床服务类科室、医疗技术类科室、医疗辅助类科室、行政后勤类科室等，也可以是班组等。

1. 医院预算责任中心的责任划分原则

医院预算责任中心拥有与医院总体管理目标相一致、与其管理职能相适应的管理决策权，并应承担与其决策权相适应的经济责任。各预算责任中心的局部利益必须与医院的整体利益相一致，不能为了其局部利益而影响医院的整体利益。

医院的责任中心建立除了应贯彻责、权、利相结合的原则和目标一致性原则，还必须与医院的组织结构设置相匹配。一般而言，责任中心的划分还应遵循如下原则：

（1）医院在运营过程中，各部门、各科室、各班组应具有相对独立的地位，能独立承担一定的经济责任。

（2）凡划为责任中心的部门、科室、班组应有一定的管理和控制权力和责任范围。

（3）凡被划分为责任中心的部门、科室、班组均能制定明确的控制目标，并具有实现控制目标的能力。

（4）医院在运营过程中，各责任中心都必须独立执行和完成目标规定的任务。

责任中心的划分，既不在于级次，也不在于大小，凡在经济管理上的责任是可以辨认的都可以作为单独的考核单位，从门诊部、药械科、制剂室、药房，到临床科室、医技科室、洗衣室、技工室、锅炉房、电工班组，甚至医院或某科室的某项设备，都可以划分为责任中心。

2. 医院预算责任中心的构建

构建医院预算执行组织的主要工作就是构建由各责任中心组成的医院预算责任网络，医院预算责任中心的结构是与其组织结构相对应的，组织结构的类型决定了预算责任网络的布局。根据医院组织结构及权责范围，医院预算责任中心可分为以下三个层次：

（1）单元预算责任中心。单元预算责任中心是医院预算责任体系的基础层次，医院的总体预算需要分解到科室，科室分解到相关单元，医院的预算只有通过层层分解，才能建立责任体系，体现预算的全员参与原则，从而有效实施。按照权责对应原则，单元预算责任中心可以按照预算管理的实际需要来设计。对于医疗服务类科室可以分为护理单元、医疗单元，也可以按照亚专科、专病化来设置单元预算责任中心。对于医疗技术类科室可按服务项目、医疗设备、班组分别设置单元预算责任中心。对于行政后勤类科室可按照承担的任务、职能、所提供的服务等来设置单元预算责任中心。

单元预算责任中心可按部门、科室、班组等责任者归类，并由责任者负责核算其收入与成本。要求把能够分清责任的收入、成本数据分解到医院各部门、各科室、各班组或个人，做到干什么管什么，干与管一致，干的要对一定的成本负责，经济责任清楚。单元预算责任中心的收入、成本是考核各中心工作业绩的依据，应和奖惩制度挂钩。

划分单元预算责任中心应按照可控性原则，对于成本应明确可控成本和不可控成本两类。可控成本是指可由医院一个部门、科室、班组或个人对其发生额施加影响并可控制的成本。不可控成本是指不能由医院某一个部门、科室、班组或个人施加影响并控制的成本。责任成本的可控与不可控是相对的，一项成本对某预算责任中心来说是可控的，而对另一预算责任中心则可能是不可控的；对上级预算责任中心是可控的，而对下级预算责任中心则又可能是不可控的。

在医院的预算执行过程中，对于科室及单元预算责任中心还应设置预算员。完善的组织体系设置为全面预算管理的合理、顺利实施提供的组织保证，其功能及优越性必须通过优秀的预算员在组织中正确、及时地完成工作予以实现。预算管理办公室和各归口预算管理部门均应设置专门的预算员指导基层预算科室预算申报、执行、调整，对全面预算管理进行全程跟踪、控制。各基层预算组织也应设置专门的预算员，负责本部门预算工作。预算员是全面预算管理组织体系中最基础也是最不可或缺的执行单元。在有效的预算管理中，人是最主要的因素，因为预算编制流程可以实现自动化，但预算编制流程中人员行动的自动化是无法实现的。

医院全面预算管理过程中的预算人员管理涉及某些基本原则的应用，包括：必须使员工之间保持高度责任感，必须激励员工恰当地参与到预算过程中以完成预定的目标和任务等，在执行过程中应予以重视并落实。

在推行全面预算管理过程中，履行各自职能的组织机构也需要配合其他职能部门履行职责，有些职能的实现是单个部门难以完成的，各个组织机构在预算管理过程中相互牵制，相互监督，相互配合，共同协调完成，这对各部门之间的沟通协调提出了更高的要求。

（2）科室预算责任中心。科室预算责任中心处于预算执行网络的中间层次，也是执行医院预算的主体。科室预算责任中心不仅要执行院级预算责任中心制定的预算，同时，还要组织本部门所承担的预算工作的编制、分解、执行、控制等预算工作。

第一，科室预算责任中心的划分。医院的科室按其功能及职责的不同，可划分为以下四类：

临床服务类，是指直接为病人提供医疗服务，并能体现最终医疗结果、完整反映医疗成本的科室，如内科、外科、妇科、儿科等。临床服务类科室既有业务收入，又有成本支出，是医院实现预算的中坚力量，其预算目标能否完成，关系到医院总体目标能否实现。

医疗技术类，是指为临床服务类科室及病人提供医疗技术服务的科室，如放射、超生、检验、手术麻醉、药剂、营养等科室。该类科室既有收入，又有成本。

医疗辅助类，是服务于临床服务类和医疗技术类科室，为其提供动力、生产、加工、消毒等辅助服务的科室，如消毒供应、病案、门诊挂号收费和住院结算等科室。医疗辅助类科室所提供的服务保障基本不允许收费，因此，该类科室基本不能形成收入，但会产生成本。

行政后勤类，是指除临床服务、医疗技术和医疗辅助科室之外的、从事院内外行政后勤业务工作的科室，如人事、科研、教育、财务、后勤等科室。行政后勤类科室中的医院管理类科室，如人事、财务等产生成本，后勤、教育等科室可形成收入，也可产生成本，但其形成的收入属于其他收入。

第二，科室预算责任中心的主要职能。

申报收入预算、支出预算，进行预算基础资料供给。全面预算是医院的全面性计划，涉及运营管理的各个部门，与每个科室都息息相关，因此需要各基层预算科室提供编制预算所需的各种基础资料，即各项收入预算和各项支出预算，支出预算如工程预算、业务预算及资本性支出等，预算的金额、数量、具体项目描述及其编制依据，均要求由各基层预算科室分别提供。其中，基层预算科室是指科室预算的编制和执行部门，包括全院所有科室，由科室负责人对其全面负责。

严格执行年度内预算下达指标。医院预算执行机构主要由各基层预算科室组成。医院各科室应当在年度内严格执行已下达的预算指标，以完成医院整体战略发展目标。

自觉监督本科室预算完成情况。各基层预算科室应该自觉定期总结预算完成情况，及时调整预算执行中的不当行为，采取必要措施保证预算执行顺利。

（3）院级预算责任中心。院级预算责任中心是医院预算责任体系的最高层次，它控制医院整体的运营过程，它不仅控制医院的成本和收入，还控制投资。一般而言，医院战略层组织机构拥有经营决策权，决定医院的发展方向和重大经营决策，它实际上是全面预算的执行人。一般而言，一个独立的具有法人地位的医院就是院级预算责任中心。院级预算责任中心的具体责任人应该是以院长为代表的医院最高层，其预算的责任目标就是医院的总体预算。

院级预算责任中心的主要职责是负责制定医院总体预算，并负责全面执行。对于公立医院而言，院级预算责任中心在预算编制过程中，要严格按照国家有关政策的规定和要求编制预算，要体现公立医院的公益性，资源的配置与使用也应体现公共服务产品的特征，要实现社会效益与经济效益的统一，要兼顾效率与公平的原则。院级预算责任中心对内应该承担预算的综合管理工作，对外则接受上级主管部门及财政部门的监督和绩效考评。

三、医院全面预算管理组织体系的设计

（一）医院全面预算管理组织体系的设计原则

1. 系统性原则

全面预算管理是以预算为标准，对医院的医疗活动、投资活动、筹资活动进行规划与控制、分析与考评的一系列管理活动。它既涉及医院人、财、物各个方面，又涉及医院医疗、科研、教学各个环节，是一个全员参与、全过程控制的系统工程。因此，医院应本着全面、系统的原则构建全面预算管理组织体系，从整体出发，正确处理好整体与局部之间的关系，全面考虑问题，注意预算组织体系的各个环节、问题的各个方面，注意事物的相互联系，协调好总体与子系统之间、系统与系统之间的关系，以及系统与外部环境之间的关系，要坚持以系统思维、系统分析和系统工程的方法来实施医院全面预算管理。

2. 效率原则

医院全面预算管理组织体系设计要做到执行坚决、反馈及时、富有效率，这是现代医院管理对组织的基本要求。设置预算管理组织体系的目的在于充分、有效地实施预算管理职能，确保全面预算管理活动的顺利运行。因此，只有高效、有力的组织机构才能保证此目的的达成。

3. 经济性原则

医院的预算管理组织设计必须做到经济实用，预算管理组织机构如果设计得过于庞大、臃肿，不仅会增加预算管理的成本，还会降低管理效率，造成管理混乱。因此，在设计及实施医院全面预算管理过程中，医院应充分考虑到成本和效益，如果因为开展全面预算管理导致费用上升、效益下降，那么将得不偿失。反之，过于简单的组织结构，又难以担当全面预算管理的重任，造成顾此失彼、挂

一漏万，最终导致全面预算管理的失败。因此，简繁适度、经济适用地设置全面预算管理组织体系，对于医院而言是非常重要的。

4. 科学、规范性原则

科学、规范是指设置的全面预算管理组织体系要符合医院全面预算管理的内在规律，要有助于规范和加强各科室、各职能部门预算行为，科学合理筹集、分配和使用医院预算资金，进一步促进医院事业的发展。同时，医院全面预算要符合相关要求，遵守医院“核定收支、定额或定项补助、超支不补、结转和结余按规定使用”的预算管理办法，并且按照国家的规定编制预算，按照规定的程序上报主管部门和财政部门审批并执行。

5. 权责明确原则

全面预算是医院重要的管理控制活动，全面预算的各个组织机构必须有明确、清晰的管理权限和责任。权责明确是指应根据全面预算管理组织机构所从事的具体活动，明确规定其应承担的责任，同时赋予其履行职责所必需的权力。权责相当是指有多大权力，就应该承担多大的责任，权责对应，只有权责相匹配，将权责有机结合起来，才能使全面预算管理活动有效实施。

（二）医院全面预算管理组织体系的组织结构

公共组织结构根据权力或职能的分配方式，可分为直线式结构、职能式结构、矩阵式结构、事业部式结构等几种类型。根据医院的特点，医院全面预算管理组织应采用扁平型事业部式组织结构，即由预算管理委员会统一领导的管理模式。

全面预算管理组织体系是由全面预算管理的决策机构、工作机构和执行机构三个层面组成的，承担着预算编制、审批、执行、控制、调整、监督、核算、分析、考评及奖惩等一系列预算管理活动。通过预算管理，以量化的方式进行资源配置，使医院的整个经营活动得到协调运转。

第二节　医院全面预算管理的制度体系

医院全面预算管理制度是医院预算管理的基本规范，包括全面预算管理的基本目标、预算职能和原则、预算编制范围、预算编制内容、预算执行中应该注意的事项、预算调整的方式和时间、预算考核等内容，是医院全面预算管理的综合性规范，也是全面预算管理在医院实践中有效实施的基本保障。

一、医院全面预算管理制度体系的构建

（一）医院全面预算管理制度的制订

第一，医院制订的全面预算管理制度应该符合国家有关政策、规定的要求。医院制订全面预算管理制度必须符合国家有关法律、法规的规定，要严格按照财政部门预算管理规定、医院财务制度规定来制订全面预算管理的相关制度，切不可自行杜撰，以免出现违规问题。

第二，医院制订的制度要规范，符合实际情况。医院制订的预算管理制度一方面要规范，符合制度设计的要求；另一方面要满足全面预算管理的需要，符合医院的实际状况，简单易行。

第三，医院制订的制度要严格执行。全面预算管理制度建立以后，各级部门要认真贯彻执行。医院的各级领导要以身作则，遵守预算管理制度，维护预算管

理制度的严肃性；要加强对医院员工的培训，强化员工专业能力。

（二）医院全面预算管理制度的实施保障

1. 高度集中的预算管理制度

医院是独立的经济实体，面对的是市场，但就其内部管理而言，要有效实施全面预算管理，必须实施高度集中的预算管理制度。医院实行“统一领导，集中管理”的财务管理体制，同财务制度相适应，医院内部高度集中的预算管理制度也有利于医院的财务管理。另外，医院实施高度集中的预算管理制度还有利于医院预算目标的制定及层层分解，有助于医院全面预算的执行、分析、控制和考核。

2. 完善的财务管理制度

医院要提高各部门及员工参与预算管理的积极性和责任感，自觉遵守预算管理制度。对于违反制度规定的现象，医院要给予坚决的抵制和纠正，建立有效的制度执行机制。

3. 有效的人事管理制度

医院预算能够有效执行的前提是员工认同医院的管理，医院应该重视人事管理，鼓励员工严格执行预算，并严格预算约束，将预算的执行、控制、绩效同人事管理密切结合在一起。

二、医院全面预算管理制度体系的优化设计

加强医院全面预算管理，首先从制度入手，健全制度建设，自上而下地为医院全面预算管理铺平道路，确立全面预算管理在医院管理中的重要地位，确保全面预算管理工作的正常顺利进行。预算管理的基础是预算管理制度，制度的建立和落地将有利于各部门职权的履行，有利于保证预算的权威性。因此，医院要想

进一步建立健全预算管理体系，必须优化预算管理制度体系，使预算程序、预算依据、预算执行公开透明，使预算管理步入制度化、规范化的轨道。

医院管理层要明确医院发展战略，围绕医院战略目标，分解成医院发展计划，各部门在医院预算管理制度的指导下，落实预算相关管理机制。

制度是透明且公开的，具有权威性和相对稳定性。在制度的管理下，医院预算工作按照规定程序处理事务，有利于员工之间、部门之间有效的沟通，提升效率。管理制度不是一成不变的，必须根据医院内部的发展和外部形势的变化不断更新和完善。医院的预算管理制度要依据行业规则制度，结合医院实际情况制定。建立健全医院全面预算管理制度，需要对预算管理的职责分工、编制、执行、调整、分析和考核五个方面进行制度约束，明确职责任务、工作程序以及具体要求。同时需要配套完善其他管理制度，以有效约束支出。

预算管理的职责分工制度应遵照预算管理组织框架，明确各部门的职责，建立岗位责任制，确保不相容岗位相互分离。制定预算工作流程，明确预算各个环节的控制要求，尽可能减少人为控制环节，确保预算管理工作内部控制有效。

预算编制控制制度必须明确地规定编制依据、编制程序、编制方法以及编制内容等，确保预算编制依据合理、程序适当、方法科学、内容完整、及时准确。

预算执行控制制度要建立预算预警机制和预算执行责任制，重大预算项目需要重点关注，明确规定预算资金使用的审批流程，建立预算执行情况报告制度，及时掌握预算执行动态和结果，当产生重大差异时具体分析并采取相应措施，确保严格按照批复下达的预算执行。

预算调整控制制度要完善预算调整机制，对预算调整进行严格的控制，明确可以进行预算调整的重大情况，规范预算调整程序，确保预算调整的依据足够充足、程序科学合规、方案合理可行，成本效益统一。

预算分析和考核制度需要分别建立预算执行分析制度和考核奖惩制度，保证预算分析及时、科学，考核严格有效。医院要定期召开例会，及时通报预算执行情况，运用多种方法分析、研究和解决预算管理中遇到的问题。建立预算绩效考评制度，设定合理的绩效考核指标，并将考核结果与绩效奖金、评优评先相结合，构建科学的激励约束机制。

第五章 医院全面预算的审批与控制

第一节 医院全面预算的审批

一、医院全面预算审批的意义

（一）维护全面预算的严肃性

主管部门和财政部门对全面预算的合法性进行审核，要求全面预算的编制要符合相关法律、法规，充分体现国家有关方针、政策，并在法律赋予部门的职能范围内编制。维护全面预算的严肃性具体体现为：

第一，收入要合法合规。组织资金收入要符合国家法律、法规的规定。

第二，各项支出要符合财政宏观调控的目标，要遵守现行的各项财务规章制度。支出预算要结合本部门的事业发展计划、职责和任务测算；项目和投资支出方向要符合国家产业政策；支出的安排要体现厉行节约、反对浪费、勤俭办事的方针；人员经费支出要严格执行国家工资和社会保障的有关政策、规定及开支标准；日常公用经费支出要按国家、部门或单位规定的支出标准测算；部门预算需求不得超出法律赋予部门的职能。

（二）维护全面预算的真实性

维护全面预算的真实性要求在对预算审核时，要确保部门预算收支的预测必须以国家社会经济发展计划和履行部门职能的需要为依据，对每一收支项目的数字指标应认真测算，力求各项收支数据真实准确。各种基础数据资料要按实际情况填报；各项收入预算要结合近几年实际取得的收入并考虑增收减收因素进行测算，不能随意夸大或隐瞒收入；支出要按规定的标准，结合近几年实际支出情况进行测算，不得随意虚增或虚列支出；各项收支要符合部门的实际情况，测算时要有真实可靠的依据，不能凭主观印象或人为提高开支标准编制预算。

（三）维护全面预算的完整性、科学性

医院全面预算贯穿于医院经济活动的全过程，通过对各项经济活动进行管理、控制，为考核、评价医院经营业绩提供有效依据。维护全面预算的完整性要求在审核医院预算编制时，要确认医院是否将依法取得的包括所有财政性资金在内的各项收入以及相应的支出作为一个有机整体进行管理，对各项收入、支出预算的编制是否做到不重不漏，以及未在部门预算之外保留其他收支项目。

维护全面预算的科学性要求在预算编制审核时满足以下几点：

第一，预算收入的预测和安排预算支出的方向要科学，要与国民经济社会发展状况相适应，要有利于促进国民经济协调、健康、可持续发展。

第二，预算编制的程序设置要科学。合理安排预算编制每个阶段的时间，既以充裕的时间保证预算编制的质量，又要注重提高预算编制效率。

第三，预算编制的方法要科学。预算的编制要制定科学规范的方法，测算的过程要有理有据。

第四，预算的核定要科学。基本支出预算定额要依据科学的方法制定，项目

支出预算编制中要对项目进行遴选，分轻重缓急，科学合理地选择项目，从而对医院申报预算进行综合考量。

（四）保证全面预算的准确性

主管部门和财政部门对预算的准确性进行审核，要求部门预算的编制做到稳妥可靠，量入为出，收支平衡，不得编制赤字预算。收入预算要留有余地，没有把握的收入项目和数额，不要列入预算，以免收入不能实现时造成收小于支；预算要先保证基本工资、离退休费和日常办公经费等基本支出，以免预算执行过程中不断调整预算。项目预算的编制要量力而行，量入为出，保证预算总量平衡和预算的准确性。

二、医院预算的审核及批复内容

（一）主管部门和财政部门预算审核及批复

1. 预算审核

（1）一级主管部门项目审核的主要内容。

预算申报是否符合主管部门工作重点、单位工作任务和发展规划。

预算申报理由是否充分、申报程序是否规范、项目申报类别和类型是否准确、是否按要求规范、细化填报，申报预算是否合理，所附相关材料依据是否齐全、规范，绩效考评项目是否按照有关要求填报。

组织预算单位对申报的项目进行充分论证，根据部门工作重点、事业发展规划和部门结余资金情况，合理确定各项目的预算数，调整排序方案。

在财政部门规定的时间内，将有关资料、数据上报财政部门审核。

（2）财政部门预算项目审核的主要内容。预算项目申报是否符合当地政府工作重点、部门工作任务和单位发展规划。在财政部门项目审核环节，如发现预算单位申报的项目不符合项目管理要求，可进行项目调整或将项目退回上一环节，但要注明项目退回原因及修改建议，同时负责指导、督促预算单位重新规范填报项目。

2. 预算批复

项目支出预算一经批复，项目主管部门和项目单位不得自行调整。预算执行过程中，一旦发生项目变更、终止、调整预算，必须按照规定的程序报批。

财政部门对经常性专项业务费项目，要明确项目的支出范围，并会同项目主管部门根据项目的具体情况，制定专门的管理办法。

项目预算批复后，如上级批复的项目预算数与原申报数不一致，项目实施方案应在批复的申报文本基础上进行合理调整。

在项目预算申报过程中，项目主管部门可以对所属单位内容相同的项目打捆申报。预算数下达和批复时，按照谁打捆谁拆分并附监管责任的原则逐级分解，分解过程中应以预先申报预算为依据，不得重新调整。

延续项目列入部门预算后，项目的名称、编码及使用方向在以后年度申报预算时不得变动，项目预算按照立项时核定的预算逐年安排，项目到期后自行终止。

（二）医院内部的审核及批复

1. 各归口预算部门及预算管理办公室预算的初审环节

（1）数据验证。主要包括：①审核数学计量是否正确；②审核各部门计划（报告），以确认其收入预测数正确地纳入其所有运营预算中。

（2）分析以前预测的可靠性。应该比较过去几年的预测数、当年预测数以及下一计划年度的计划业绩。详细评估当年预算差异的原因，并与下一预算年度进行比较，以保证各种修正行动已包括在计划中，从而避免下一年度的预算产生重大差异。

（3）分析各部门预算假设与目标。要从以下方面对各部门预算中所提供的前提假设与目标进行有效性测试：①与财务目标相关性；②与总体经济环境及下一年度可能的经济变化预测的联系；③影响各部门利率、资本成本等特殊经济因素的效应；④技术变革；⑤卫生材料、药品等成本及其可获得性；⑥预算提案包含的其他假设，如业务量目标。

2. 召开各部门的初审会议

将各部门所提交的预算进行初审后，预算管理办公室应分别召集各部门全体员工参加一系列审核会议，并对员工所提的问题展开讨论和提出解决方案。会议结束时应产生一份修正预算方案，该预算案不应存在明显错误与遗漏。此后，预算管理人员还应再以小范围会议方式，与各部门负责人讨论，确认并尽力解决那些在员工审核会议上被提出的问题，并使参加会议的部门负责人对其所在部门员工审核会议上所提的预算修正案负责。在一系列沟通及审议会议中，院级预算管理人员要特别警觉并制止各部门提交的预算中的想留缓冲和宽裕的趋向，注意警惕各部门负责人保护自身获得业绩导向性报酬的倾向。必须明确指出并彻底消除这类倾向。

3. 组织高层的初次审核

在审核和分析院级合并预算后，预算管理办公室应该给院长书记会、预算管理委员会及执行副院长编制一份书面的审核分析汇总表。预算管理委员会应从广泛的角度对院级合并预算进行审核，讨论各部门的预算计划是否可以圆满顺利地实现财务目标。

在上下沟通过程中，如果各部门负责人提出了各种主客观变化因素，需要对财务部门所提出的原有目标进行重新评估，则各预算归口部门必须向预算管理委员会如实陈述这些问题。必要时，需要对院级目标进行修改。若医院高层普遍接受合并前后的预算，则在预算管理委员会最后审核公布预算之前，各部门预算负责人应向所在层级或部门最高领导人汇报，指出预算变化的具体方面，并声明自己所在部门的预算已被接受。

4. 修正预算案的修改

在各部门与其管理层修改各自的预算时，应使修改稿和预算初审时各级领导所提出的意见、建议相吻合。

5. 预算管理人员对预算的修改与审核

预算管理人员在修正各部门的分预算，并将其与财务目标及各级领导初步审核意见核对后，需要再次与各部门接触，对预算草案进行第二次审核并讨论，使修正稿能为院预算管理委员会所接受。若认为修改稿与计划目标相符，预算管理委员会可再编制一个新的院级合并预算表。编制合并预算表时会偏重于不同层面的细节问题，以反映医院高层与各部门的特定利益和需求。高层预算审核会议上，可以借助幻灯演示，向与会者详细介绍，逐条审核，最后确认预算成果并提交终审会议。

6. 终审预算与正式下达

终审会议中，预算管理人员应认真详细地记录审核过程中所做的各种决策与修改。此外，应及时向与会者公布各次预算讨论会的会议纪要，使其对各部门预算达成的一致性意见、改变或增删的内容有清晰的了解。

第二节　医院全面预算的控制

一、医院全面预算控制的原则

（一）医院全面预算控制的全面性原则

预算控制的对象是预算的执行过程，而预算执行过程又涉及医院各个环节、各个部门、各个成员，所以，有效的控制应该借助各部门、各成员的力量，它应该是预算执行者之间的自我监控和相互监控的结合，其需要建立一个全方位、多层次及多元的预算执行控制责任主体。

全方位是指预算控制必须贯穿医院的各个业务过程、各个管理活动，覆盖医院所有部门和岗位，不能出现任何遗漏。多层次至少包括两方面：①预算管理委员会对预算整体进行监控；②根据逐级负责制原则，由上级对下级的预算执行情况进行监控。多元是指既有事后的控制措施，又有事前、事中的控制手段；既有约束，又有激励；既有财务上资金流量、存量预算指标的设定，会计报告反馈信息的跟踪，又有人事委派的策略。这样，医院的预算目标就可以渗透、贯穿到决策、执行、监督、反馈等各个环节，各个责任单位真正讲究工作效率，形成纵横交错、互控与自控相结合的责任体系，确保预算目标的实现。

（二）医院全面预算控制的重要性原则

预算控制需分清主次，抓住重点，对重点预算项目严格管理，而对于其他项目则应尽量简化审批流程。对关键性指标要按月跟踪、检查，并对其发展趋势做出科学、合理的预算。

（三）医院全面预算控制的适应性原则

预算控制应当合理体现医院的运营规模、业务范围、业务特点、风险状况以及所处具体环境等方面的要求，并随着医院外部环境的变化、运营业务的调整、管理要求的提高等不断改进和完善。

（四）医院全面预算控制的及时有效原则

预算控制应该为内部控制目标的实现提供合理保证，医院全体员工应当自觉维护预算的有效执行，控制程序具有可操作性，避免预算管理失效。在预算批准下达时，各预算执行单位必须认真组织实施，将预算指标层层分解，从横向和纵向落实到医院各部门、各环节和各岗位；在预算执行过程中应建立预算执行责任制度，对照已确定的责任指标，定期或不定期地对相关部门及人员责任指标完成情况进行检查，对于发现的问题及时纠正处理。

（五）医院全面预算控制的成本效益原则

预算控制应当权衡实施成本与预期效益，以适当的成本实现有效控制。预算的执行与控制方案直接影响业务部门及管理部门的运作效率，因此应充分考虑成本效益原则。

（六）医院全面预算控制的归口控制原则

对于专业费用预算，财务部门可采取总量控制方法，由归口专业部门进行具体控制和调配，财务部门只审核总量是否在预算内。

二、医院全面预算控制的内容

预算控制是通过编制预算的形式，对医院未来运营活动发生的成本、费用、收入、结余等加以干预、协调和指导的过程。预算控制是一种目标控制，一种价值控制，同时也是一种制度控制。

根据不同的划分标准，可以将预算控制划分成不同的种类。常见的预算控制划分标准有：预算控制的对象、预算控制的时间、预算控制的方法和预算控制的手段，具体划分种类如下。

1. 按照预算控制的对象划分

（1）医院资金控制。资金控制主要指资金计划的平衡、协调，就是把好资金支出关。

医院每天要发生若干笔资金的支付，要弄清楚来源和出处。控制要点主要有以下四点：

第一，建立现金流管理制度。现金流管理制度是实行资金预算控制法的基本前提，比如收支两条线管理制度。各预算责任中心每月月底向财务部门提交下月费用、采购等资金计划，费用资金计划的来源就是年度预算费用的使用情况，采购资金计划的来源就是采购计划以及付款政策。

第二，预算委员会平衡批准后下发执行。财务处安排资金的使用，同时催收应收账款。

第三，建立严格的货币资金业务授权批准制度。明确被授权人的审批权限、审批程序、责任和相关控制措施，审批人员按照规定在授权范围内进行审批，不得超越权限。医院货币资金收支和管理必须统一由财务部门负责，对未经授权的部门和人员，严禁其办理货币资金业务或直接接触货币资金。

支付资金程序要做到“四审四看”：①审支付申请，看是否有理有据，用款时应提交支付申请，注明款项的用途、金额、支付方式等内容并附有有效经济合同或相关证明及计算依据；②审支付审批，看审批程序、权限是否正确，审批手续是否完备，审批人根据其职责、权限和相应程序对支付申请进行审批。对不符合规定的货币资金支付申请，审批人应当拒绝批准；③审支付审核，看审核工作是否到位，财务审核人员负责对批准的货币资金支付申请进行审核，审核批准范围、权限、程序是否合规，手续及相关单据是否齐备；金额计算是否准确；支付方式、收款单位是否妥当等；④审支付结算，看是否按审批意见和规定程序、途径办理。出纳人员根据签章齐全的支付申请，按规定办理货币资金支付手续，并及时登记现金日记账和银行存款日记账。

第四，及时分析现金流预算执行情况。跟踪、分析现金流预算执行情况达成如下目标：分析现金流的有效性，不断提高医院资源运营水平；分析现金流执行偏差，促进现金流预算精准度的提高；及时发现擅自改变资金用途等不良现象，降低财务风险，实现现金流预算控制目标。

（2）医院成本费用控制。成本费用控制的范围是指可控性的成本费用，可控性费用又分为变动性费用和固定性费用，对变动性费用的控制主要有三点：

第一，人员经费。各科室应根据工作需要合理配置人员，严格控制人员增长，实行竞聘上岗、推行全员聘用制，因事设岗，以岗定员，实行合理的减员增效，对转职、轮转、返聘等人员进行正确、及时的划分，使人员达到有效的优化配置。同时，实行人员激励考核制，通过绩效考核等方式达到控制成本、合理增效的目的。

第二，卫生材料费。医院成本中医疗卫生材料消耗占较大比重，而且属于可控变动成本范畴，各医疗相关科室应注意在领用时合理控制。各预算责任单元负责人应充分考虑本科室运营收入情况，制订合理的消耗定额和领用计划，避免无故大量领用、浪费或囤积的情况发生，各个期间收支要合理。同时注意降低损耗率，提高卫生材料的可用性。

第三，公用成本费用。对医院所需消耗的水电费、燃气费、供暖费等，各科室人员应以身作则，提高节约意识，在保证医院正常运营的基础上尽量降低公用成本费用。

（3）医院采购控制。采购活动根据采购内容的不同分为材料采购、设备及工程采购、办公资产采购。对采购活动的控制：①制订合理的采购需求计划；②选择合适的供应商。控制要点主要有以下四点：

第一，完善大额商品或固定资产集中采购、公开招标的制度。采购行为中询价、定价与采购的岗位分开，采购人员只有采购计划的执行权，没有询价权和定价权。采购询价后要综合供应商的报价、规模、信用状况、付款条件等形成询价分析报告，定价决策者根据询价分析报告选择最优采购方案，尽量使物价与市场行情相符，原则上选报价最优者，如有例外须报告说明原因。对大宗商品、大额固定资产的采购，可采用公开招标的方式。对物资采购进行严格的日常控制，避免出现单据遗漏、入账不及时等问题。

第二，完善供应商及材料价格信息库，为采购价格分析及采购定价提供资料。

第三，建立严格的采购申请、审批及验收程序制度。

第四，财务部要对付款进行控制，定期与供货商核对往来账项，物资会计要定期盘点，加强成本控制。

（4）医院存货控制。存货的控制主要有存货额度的控制，即存货周转期的管理以及存货库龄的控制。医院存货包括各种药品、试剂、医疗物资、低值易耗品、办公用品、后勤物资等，其中药品、卫生器材、低值易耗品是医院存货的主要部分，是存货管理控制的重点。医院的存货管理要做好四项基本工作：

第一，合理确定储备定额，保证尽可能少地占用资金、存货量满足医疗服务要求。

第二，建立健全物资管理制度。对物资的收、领、退的操作程序及管理有相应的规定。

第三，加强对库存物资的清查盘点工作。要做到账实相符，对于盘盈、盘亏的物资，应查明原因，分清责任，按规定程序报经批准后进行相应的账务处理。

第四，加强对低值易耗品的实物管理，对在用低值易耗品采用"定量配置、以旧换新"的管理办法。

存货管理的目标是：在满足医院医疗、教学、科研工作需要的前提下，使存货投资最小化，以减少资金占用，提高医院资金的利用效率。因此，医院进行存货资金管理控制时必须做好两方面工作：①做好存货资金的规划工作，合理确定存货资金的占用量，节约资金的使用；②加强存货的日常控制，使存货总量、存货品种和数量合理组合，加速存货周转。

2. 按照预算控制的时间不同划分

（1）医院预算的事前控制。预算的事前控制是医院开展全面预算管理的一个重要环节，也是医院进行全面预算管理信息化需要考虑的一个重要方面。通过预算控制系统，医院预算管理部门可以便捷地对各预算单位的预算进行有效的预警和控制。医院将预算控制和日常审批流程相结合，在业务活动发生前，通过相应的审批过程，达到事前控制的目标。它是对预算执行结果影响因素的控制，是在偏差发生之前采取措施，因此控制效果是最理想的。

（2）医院预算的事中控制。事中控制是一个动态性控制，通过事中控制可以有效抓住控制点，及时发现差异，衡量绩效，纠正偏差。预算的事中控制是预算执行审批相关人员按照医院内部控制流程进行逐级审核、控制的过程。医院应当建立预算执行责任制度，明确各预算执行部门、监督部门以及相关责任人员的责任，定期或不定期对预算执行情况进行检查，实施考核，落实奖惩。

医院必须依法取得收入，各管理部门按照收入预算目标，采取积极、有效的措施，依据国家价格和收费管理政策合理组织收入。医疗机构的各项支出，必须按照国家规定的开支标准、严格的审批程序办理。支出管理部门应严格按照支出预算的项目、支出审批权限和审批程序合理安排支出；要严格控制无预算、超预算、不符合审批程序的各项开支。要努力降低成本费用，合理调节资金收付平衡，严格控制资金支付风险。事中控制是在预算执行活动中随时纠偏，从而保证预算活动的质量。控制的效果依赖于基层管理者，它要求管理者必须有较高的素质，医院领导层必须重视且提供一种良好的工作环境氛围。

（3）医院预算的事后控制。预算的事后控制是在预算执行之后进行的，主要目的是总结规律，积累经验，为下次预算做准备。事后控制的重点是对发生的行动效果（被控结果）的经常监督和调整，通过核算和分析获得信息，并与控制标准进行比较，提出纠正偏差的行为措施，确保控制目标的实现。这种控制方法的主要特点：①以执行结果中所获得的信息反馈为前提；②有较完整、准确的统计资料为依据；③通过分析、比较、采取措施以达到预期控制效果。事后控制一般采用严密、有效的财务核算和分析报告系统，循环的定时或不定时的资产检查以及定期或不定期的财务及经济业务审计等手段进行。

3. 按照预算控制的方法划分

（1）授权控制。授权是指有关单位和岗位在处理业务时必须得到相应的授权，经批准后才能进行。授权控制是在某项预算业务活动发生之前，按照既定的程序对其正确性、合理性、合法性加以核准并确定是否让其发生而进行的控制，这种控制方法是一种事前控制，能将一切不正确、不合理、不合法的经济行为制止在发生之前。为真正落实预算管理，医院内部必须明确预算审批权限和预算执行权限的划分规则，从而进一步落实各责任主体的管理责任。

授权分为一般授权和特别授权。一般授权是医院内部较低层次的管理人员在其权限之内，依照既定的预算、计划、制度等标准对正常的业务活动进行的授权。特别授权是对非经常业务活动行为进行专门研究做出的授权。就预算控制而言，授权有四层含义：①有限的资源运用权力；②有限的资源批准权力；③责任是授权的前提和代价；④对权力的受托报告责任。

（2）反馈控制。预算反馈控制是指通过会议、报告、调度、分析等多种形式，及时掌握预算执行情况的预算控制活动。建立健全预算信息反馈系统是全面预算管理系统高效、协调运行的基础与保障，也是实施预算控制的重要工具。

为保证预算目标的顺利实现，在预算执行过程中，各级预算执行部门要定期对照预算指标，及时总结预算执行情况，对于发生的新情况、存在的新问题及出现偏差较大的重大项目，应当及时查明原因，计算差异，提出改进措施和建议；财务部门应当利用各个预算责任中心的会计核算资料和财务报表监控预算的执行情况，及时提供预算的执行进度、执行差异及其对医院预算目标的影响等财务信息，促进医院各预算执行部门完成预算目标；医院预算管理部门要及时向医院预算管理委员会报告预算的执行情况，以便医院决策管理层能够及时、全面地了解情况，进行协调、监督和指导；医院预算管理委员会应定期召开预算执行分析会议，全面、系统地分析预算管理部门提交的预算执行情况报告，对存在的问题及出现偏差较大的重大项目，责成有关预算责任部门查找原因，提出改进运营管理的措施和建议。

预算反馈控制主要包括预算反馈例会和预算反馈报告两种形式。预算反馈例会是指为了保证预算目标的顺利实现，在预算执行过程中，预算管理部门和预算执行部门定期召开的各种预算例行会议。通过召开各种例会，可以对照预算指标，及时掌握预算执行情况、掌握差异、分析原因、提出改进措施。预算反馈报告是指采用报表、报告、通报等书面或电子文档形式进行预算信息反馈的预算控制方式。预算反馈报告是预算反馈控制的重要内容，预算反馈报告反馈的各种信息是各级领导和预算管理部门实施预算控制的重要依据。

（3）调整控制。预算调整或修正是指当医院内外部环境发生变化，预算出现较大偏差，原有预算不再适宜时所进行的预算修改。由于医院外部运营环境和内部资源条件的变化，预算调整是预算实施过程中的必然问题和基本环节。但预算调整又应该是一个十分规范的过程，必须建立严格、规范的调整审批制度和程序，并按照规定的程序进行调整。预算调整范畴主要可分为三类：

第一，项目间调整，是指预算单元在本部门已编制预算各项目之间的数据调整，该类调整不影响总资源的投入，属于预算内调整。

第二，追加调整，是指在已有预算项目基础上由于运营规模、业务量等扩大导致的增加预算投入，其影响总资源的投入。

第三，新增调整，是指在新的市场环境下增加新业务的预算项目，其影响总资源的投入。

后两者均属于预算外调整。无论预算调整是追加、调减还是新增，都要实行逐项审批、逐级审批制度，统一由预算负责人员办理。

预算调整同预算制定一样，都是重要、严肃的环节，必须建立严格、规范的调整审批制度和程序。一般来说，预算调整规则中应该包括预算调整条件、预算调整程序和审批权限规定等。通常而言，只有发生下列情况且致使预算编制的基础不成立或导致预算执行结果产生严重偏差时，方能进行预算调整。一般预算调整需要经过申请、审议、批准三个主要程序。调整申请应说明调整理由、初步方案、前后预算指标对比及调整后预算负责人等。

调整审议决策时应遵循以下原则：预算调整事项不能偏离医院发展战略和年度财务预算目标，调整方案应在经济上实现最优化，调整重点应放在财务预算执行中出现的重要的、非正常的、不符合常规的关键性差异方面。预算调整不仅要在制度权限上进行控制，还要在技术层面上进行控制，使其无法随意更改，力求设计严密，达到预算操作使用与控制的目的。

（4）制度控制。预算一经确定，在医院内部便具有“法律效力”，预算本身不是目的，预算的目的是加强控制。预算无论是作为目标控制还是程序控制，均是以规范、严格的制度方式实现的。预算控制制度主要包括预算系统设计控制制度、预算执行控制制度和预算结果考评控制制度，由此来实现预算的事前、事中、事后的系统控制职能。

第一，预算控制通过对预算系统设计的制度控制，明确了不同责任主体在预算管理系统中的责任，揭示了这种责任的目标形成、表现形式以及审校程序和方法等，使预算目标得以落实和细化，为目标控制提供良好的前提。

第二，预算控制通过一系列相应的制度，来强调和实现执行过程中的控制。重点包括：①授权制度。授权制度是一切内部管理和控制制度的基础，是包括预算控制在内的所有制度的制度。通过授权，各责任单位的权力得以明确体现，这既是一种分权，又是以不失去控制为底线的。授权制度是权力控制者采用合理的方式，在实现整体利益的目标前提下，明确各单位的责任；在此范围内，各预算单位权利与义务并存。这种激励与约束并存的制度控制极大地降低了控制成本。②重点预算执行控制。不管预算以何种形式进行控制均会消耗资源，导致成本支出。控制点越多，控制成本越大；控制面越广，控制程度越低。因此，控制必须有重点、有核心。在预算执行过程中，医院应特别注意医院战略、医院管理模式、医院行业特征等方面的情况不同，预算控制重点也应不同。③信息反馈与报告制度。执行过程控制的一个重要基础是必须有及时、相关的信息反馈作为支撑。没有有效的报告制度，预算控制乃至整个内部控制均会变成空话，无法起到应有的作用。

第三，通过预算科学的考评制度以实现其结果控制，并进一步强化预算管理的激励和约束机制作用。

4. 按照预算控制的手段划分

（1）手工控制。手工控制是指按照医院内部控制流程和相应的审批权限，对相关资金支出的交易所进行手工流转并签字的过程。手工控制的主要特点：①预算审批时将台账作为审批的重要依据；②人工流转单据的工作效率较低，行政成本较大。

（2）在线控制。在线控制是使用专门的信息系统实现对重点预算事项的控制。在线控制的主要特点：①各科室在申请暂借资金、报销费用时，系统自动提供该预算项目的预算数、已发生数和可用数等信息；②流程更有效率；③调整更具灵活性；④分析更具全面性、系统性。

资金预算申报过程控制包括以下步骤：

第一，预算员申报。科室在暂借、报销时，预算员首先登录预算支出系统进行预算申请，根据科室需求和系统要求正确无误地填写预算申请内容。

第二，科主任、院领导审核。经科主任、院领导审核预算项目相关内容，确定正确无误，通过审核。

第三，财务处审核。财务处根据科室申报内容进行审核，在规定内进行支付操作。

通过预算支出系统进行控制，逐级审核，确保预算支出项目、金额等无误；同时，科室相关负责人还可以通过预算支出系统查询到本科室以前年度的预算支出项目，方便掌握本科室预算支出情况，为预算申报、批复、使用等提供明晰的查询，有利于预算的控制。

第六章 医院全面预算的考核与审计

第一节 医院全面预算的考核

“医院绩效考核已成为政府建立现代医院管理制度，推进治理能力和治理体系现代化的重要抓手。”因此，医院要加强预算执行结果的分析和考核，并将预算执行结果、成本控制目标实现情况和业务工作效率等一并作为内部业务综合考核的重要内容。逐步建立与年终评比、内部收入分配挂钩机制。

一、医院全面预算考核的作用与原则

预算考核是对医院全面预算管理实施过程和实施效果的考核和评价，在全面预算管理中是承上启下的关键环节，在预算控制中发挥着重要作用。预算考核，从整体上看，是对医院调配资源、适应环境变化能力的评价和检验；从局部看，是对各部门实现医院整体目标做出贡献的评价和检验。

一方面，在财务活动、预算执行过程中，通过预算考核信息的反馈及相应的调控，可以及时发现和纠正实际业绩与预算的偏差，从而实现过程控制；另一方面，预算编制、执行、考核作为一个完整的系统，相互作用，周而复始地循环，

以实现预算的最终控制。预算考核及业绩评价既是本次预算管理循环的终结，又是下一次预算管理循环的起始。

预算考核就是要把预算的执行情况、成本控制目标的实现情况、业务工作效率、绩效考评情况和责任人、医院员工的经济利益相挂钩，最大限度地调动员工的积极性和创造性。

（一）医院预算考核的作用

1. 保障医院全面预算顺利实施

全面预算管理包括预算编制、执行、控制、调整、核算、分析、反馈、考核等一系列环节，其中，预算考核是政府有关部门对医院的服务功能、服务任务、绩效评价的综合考核，是医院全面预算管理循环中的重要环节。只有实施有效的考核，才能严肃全面预算管理工作，才能把预算编制、执行、核算等各项工作落到实处，确保预算管理全过程的顺利实施。

2. 确保预算目标实现

预算目标确定并细化以后就成为医院工作的核心内容，具有较强的约束作用。在预算执行中，应对预算执行情况与预算执行差异适时进行确认，及时纠正医院人、财、物、信息等资源管理上的浪费与执行中的偏差，为预算目标的顺利实现提供可靠保证。

3. 支持建立预算激励机制与约束机制

因为预算考核是对医院内部执行情况的全面分析，并反映成本控制目标的实现情况，因此能够为绩效管理提供依据，为预算激励与约束机制提供支持。在全面预算管理实施过程中，通过严格的预算考核制度，一方面，可以强化预算执行的力度，督促各责任部门努力完成预算指标；另一方面，通过对各责任部门的预算考核，可以科学评价各部门及员工的工作业绩，将预算执行情况与各部门及员工的经济利益挂钩，奖惩分明，从而形成责、权、利相统一的责任共同体，最大限度地调动医院各个层级的工作积极性和创造性。

（二）医院预算考核的原则

预算考核的目的是强化全面预算管理过程中的监控，改善过程管理，是为了分析和找出预算执行结果与预算总体目标的偏离程度，以便强化预算控制或进行适当的预算调整。为此，预算考核应当遵循以下原则：

1. 医院预算考核的目标性原则

预算考核的目的是确保医院各项预算目标的实现。因此，预算考核的目标性原则包括两方面内容：

（1）在预算考核指标体系设计中，必须遵循目标性原则，以考核引导各预算执行部门的行为，避免各部门只顾局部利益，不顾全局利益，甚至为了局部利益损害全局利益行为的发生。

（2）预算考核必须以预算目标为基准，按预算完成情况评价预算执行部门的绩效；如无特殊原因，未能实现预算目标就说明执行者未能有效地执行预算，这是实施预算考核的首要原则，也是提高预算权威性的有效保证。

2. 医院预算考核的可控性原则

预算考核既是预算执行结果的责任归属过程，又是医院内部各预算执行主体间利益分配的前奏步骤，客观、公正、合理是其基本要求。而这一基本要求的集中体现是：各责任主体以其责权范围为限，仅对其可以控制的预算结果和差异负责。有时医院将不可控成本包括在责任主体预算中，可以使主管人员意识到弥补所有成本的重要性。但是，也要注意避免因为过度强调预算的可控性而导致预算责任的相互推诿。

3. 医院预算考核的时效性原则

预算考核过程应该通过及时反馈，引导积极的组织行为，并确保员工行为与医院战略目标的一致性。时效性原则要求，医院在预算考核的时间上应当与预算周期一致。

4. 医院预算考核的例外性原则

实施预算管理，医院的高层管理者只需对影响目标实现的关键因素进行控制，并特别关注这些因素中的例外情况。一些影响因素并不是管理者，也不是各预算责任中心所能控制的，如政策环境变化、行业市场变化、执行政策变化等，所以，需要医院及时按程序修正预算，考核按修正后的预算进行，贯彻预算管理的灵活性和可执行性。

5. 医院预算考核的客观公正原则

预算考核应以预算考核制度、预算执行结果和预算目标为基本依据，按照客观公正的原则进行。

（1）预算考核指标要以定量考核指标为主，用数字说话，以减少主观成分和人为干扰。

（2）考核方法、考核标准、考核程序必须按制度进行，考核的结果也要及时公开，对存有异议的考核标准和考核结果要通过分析、研究、协商、复议等方法消除异议。

（3）负责预算考核的人员应具备客观、公正的优良品质，并实行轮流考核制度。

6. 医院预算考核的分级考核原则

预算目标是通过预算的逐级分解最终落实的，预算控制也是分级实施的，因此，预算考核也必须分级进行，这是实行分权管理和实现各部门、各层级责、权、利有机统一的基本要求，也是激励与约束机制作用得以发挥的重要保证。预算分级考核原则要做到：直接上级是其预算考核的实施主体，间接上下级不能隔级考核；不能自己考核自己。

二、医院全面预算的考核与绩效管理

绩效管理是指各级管理者和员工为了实现组织目标，共同参与绩效计划制订、绩效辅导沟通、绩效管理评价、绩效结果应用、绩效目标提升的持续循环过程。绩效管理并不是单纯的一些措施或方法，而是一个非常广义的概念。绩效管理的目的就是要有成效和效率，成效是指应该做的事，效率是指要合理、高效地做事。

第一，预算考核是医院绩效管理的重要组成部分。医院各部门及其员工的绩效管理需要衡量的依据，通过对医院总体预算分解到各责任部门的下级预算的执行情况进行定量和定性分析，建立能够最大限度地调动医院各个层级的工作积极性和创造性的激励机制和奖惩机制，最终促成绩效管理。预算考核在为绩效管理提供参照值的同时，管理者也可以根据预算的实际执行结果不断修正、优化绩效管理体系，确保考核结果更加符合实际情况，真正发挥评价与激励的作用。

第二，绩效管理实现财务指标和非财务指标考核的结合，其中预算考核侧重对财务指标体系的考核。长期以来，医院的管理层已习惯于从财务的角度来测评绩效，并没有思考这种测评方式是否与医院的发展战略联系在一起、是否能有效地测评战略实施情况。因此，从发展角度来讲，应加强对非财务指标的测评，而对于财务指标的数据则主要来源于预算考核。

第三，绩效管理实现定量指标和定性指标的结合，其中，预算考核侧重对定量指标的考核。定量的绩效管理可以通过数据来体现，定性的绩效管理则须通过对事实的描述来体现，从其追求的公平性和准确性而言，医院更注重定量考核，其数据来源主要是预算考核的结果。

第四，绩效管理实现内部层面和外部层面的结合，其中，预算考核侧重对内部层面的考核。不断完善医院绩效管理制度使得绩效构成更加复杂，应用更加多变。因此，绩效管理既要注重内部层面，又要关注外部层面，从内外两方面明确绩效，建立合理、有效的绩效评估体系，制定科学的绩效制度。而预算考核则侧重于对医院内部层面的考核，把握内部预算执行情况，实施内部控制。

三、医院全面预算考核体系的设计

为了规范预算考核工作的进行，发挥预算的激励和约束作用，医院要建立建全预算考核体系。预算考核体系主要包括以下六方面内容：

（一）建立医院预算考核机构

预算考核机构归医院预算管理委员会直接领导，一般情况下，由预算管理办公室、财务部门、人事部门组成，其他预算工作职能部门配合。同时，根据预算职能的不同，建立日常业务及工程预算项目审议委员会、固定资产采购预算论证委员会、信息设备论证预算委员会，同时建立相应层次的预算考核机构。

（二）制定医院预算考核制度

预算考核制度包括预算编制考核制度、预算执行考核制度、预算控制考核制度、预算核算考核制度、预算分析考核制度等，通过建立健全预算考核制度，真正实现预算考核的制度化、规范化、过程化管理。医院预算考核不能仅强调从预算执行结果分析考核，还应关注预算执行过程控制，在事后考核的基础上不断扩展到事前和事中考核，慢慢发展形成以预算编制考核制度为基础，并不断向后推进，注重每一阶段的重点过程考核，最终形成全过程、全面预算考核体系。

（三）确定医院预算考核指标

预算考核的目的是确认预算执行部门在预算期内的预算执行情况，促进预算执行部门圆满完成预算目标。同时，各个责任部门是医院整体不可分割的组成部分，各责任部门之间密切联系，休戚与共。预算考核应引导其既要努力完成自身承担的预算目标，又要为其他责任部门完成预算目标创造条件，推动医院整体预算目标的实现。因此，在确定预算考核指标时，应实现以下四个有机结合：局部指标与整体指标有机结合，定量指标和定性指标有机结合，绝对指标与相对指标有机结合，长期指标与短期指标有机结合。

（四）确定医院预算考核方法

预算考核方法的设计有两个目标：①对预算目标完成情况的考核，对超额完成任务者进行奖励，对未达标者做出惩罚；②对预算组织工作的考核，即衡量预算编制是否准确、及时上报，预算执行控制和分析工作是否有效。

1. 对预算目标完成情况的考核

对预算目标完成情况的考核是对主要经济指标完成情况的考核，以最大限度地确保预算目标的实现，主要考核内容为重点财务指标，如收入、结余、资产收益率、营运资金结余率、应收账款周转率、预算收入执行率、预算支出执行率等。针对预算分析中得出的不同情况进行分析，未完成预算目标的要进行重点分析，不能随意落实处罚，要充分考虑环境变化和政策因素等的影响。主要考核方法包括：

（1）指标法。运用经济、财务、技术等指标对预算进行考核。

（2）趋势法。注重医院的持续发展，将趋势考核作为预算考核的重要内容，如成本变化趋势、床位使用率、平均住院日、日均门急诊量等。通过过去几年的数据来判断未来的发展趋势，借以考核医院整体和各预算执行部门的预算执行情况。

（3）重要事件法。重要事件是指被考核的部门突出优秀表现和不良表现。根据该事件进行预算考核，平时需要有书面记录，考核时综合整理分析，最终形成考核结果。

（4）目标导向考核法。预算考核涉及目标导向和执行力度，二者相辅相成，在很大程度上影响着预算责任人或执行者的行为取向。从预算考核的目标导向功能来看，现实中有两种最常见的表现形式：一种是强调业绩越高越好的“业绩导向型”考核法，另一种是强调预算与实际误差越小越好的“真实导向型”考核法。

第一，“业绩导向型”考核法。“业绩导向型”考核法，是指预算考核指标及奖惩均以业绩指标完成的好坏为依据。因其试图表达的是这样一种理念，即如果想激励人们为实现组织的目标努力，就必须按他们达到的业绩水平给予奖励，受关注的往往是总资产收益率等，由此便暴露出越来越多的弊端，主要表现在：①导致预算宽余，加剧预算目标确定过程中上下级间的讨价还价，导致目标失真和组织业绩平庸；②诱发短期行为，为了局部、眼前利益不惜损害整体、长远利益。

第二，“真实导向型”考核法。“真实导向型”考核法，是指预算考核指标乃至奖惩设计均以预算的准确性（实际执行与预算的吻合度）为依据。这种考核方法的意义在于：预算作为配置资源、规划未来的重要工具，预算越接近真实，资源配置效率就越高，预算越准确，对实际执行的现实指导意义也就越强。

2. 对预算组织工作的考核

对预算组织工作的考核，是对预算管理各环节工作质量的评价，其目的是促进预算管理水平的提高。其主要考核内容包括：

（1）预算编制的准确性。

（2）预算编制的及时性、规范性。

（3）预算执行程序的规范性。

（4）预算分析的及时性、全面性。

（5）预算工作组织的周密性等。

（五）制订医院预算奖惩方案

制订预算奖惩方案时不仅需要考虑预算执行结果与预算标准之间的差异和方向，还要将预算目标直接作为奖惩方案的考核基数，以鼓励各责任部门尽可能地提高预算的准确性。

（六）预算考核的组织实施

预算考核作为全面预算管理的一项职能，在预算管理整个过程中都发挥着重要作用，是从预算编制、预算执行到预算期结束的全过程考核。

第一，预算编制考核。预算编制是全面预算管理的首要环节，预算编制是否准确、及时，对于预算能否顺利执行至关重要。这一阶段预算考核的主要内容是建立预算编制的考核制度，对各预算编制部门编制预算的准确性和及时性进行考核、评价，促进各部门保质、保量、按时完成预算编制工作。

第二，预算执行考核。预算执行考核是一种动态考核，是对预算执行和预算标准之间的差异所做的即时确认、即时处理。因此，这一阶段预算考核的主要内容是建立预算执行考核制度，对各部门预算执行过程进行考核和评价，及时发现预算执行中存在的预算偏差和问题，为预算管理部门及预算执行部门实施预算控制、纠正预算偏差或调整预算提供依据。

第三，预算结果考核。预算结果的考核主要包括建立预算综合考核制度、实施预算综合考核、确定预算差异、分析差异原因、落实差异责任、考核预算结果、评价各责任部门工作绩效、进行奖惩兑现等内容。预算综合考核作为本期预算的终点和下期预算的起点，不仅涉及对医院内部各部门的绩效评价和利益分配，而且关系到医院整体运营绩效评价以及对医院全面预算管理实施结果的评价，是预算考核的重点内容。

第二节 医院全面预算的审计

医院实施全面预算管理过程中，需要对医院预算的全过程进行审计监督。预算审计是审计部门对预算编制、预算执行、预算调整、预算考核等情况的监督和评价活动。审计部门是医院内部独立、客观的监督、评价与服务活动，它通过系统的、规范的审计程序和方法，审查和评价医院预算的适当性、合法性和有效性，保证预算过程和结果的客观性和真实性，促进全面预算管理工作的进一步完善，确保预算的有效实施。

一、医院全面预算审计的作用

第一，有利于健全医院内部管理制度，提高预算管理水平。审计部门根据医院预算执行的实际经营情况进行审查分析。例如，医院制定的相关政策、制度，是否违背了国家及当地政府的相关规定。在运营管理过程中是否存在薄弱环节，是否存在制度上的漏洞，并提出合理化建议，形成审计报告。

第二，有利于准确评价预算完成情况及其差异的形成原因，便于进行考核。审计部门围绕信息资料生成的全过程进行规范管控，通过查证账簿资料及其他资料的真实、准确、及时，加大对业务收入、成本费用支出、资本性支出等重点环节的审计力度，检查信息渠道是否健全、畅通，防范和控制财务信息失真的风险，为医院正确决策打下基础，为准确评价预算完成情况提供依据。

第三，有利于保护医院财产的安全完整。“医院的审计领域越来越宽泛，审计活动越来越频繁，随之出现的审计风险也越来越多。”审计部门围绕资金使用和资产管理的全过程管控，加大对各类资金审核和各项资产的增减、处置等关键点的审计力度，防范和控制资金资产流失的风险，保证资金资产的安全完整。

第四，有利于优化配置资源，促进医院经营效益的提升。合理配置资源是医院实现目标最直接、最有效的措施。全面预算作为一种管理控制工具，在资源合理配置方面发挥着越来越大的作用。医院通过审计部门对医院资源使用的经济性和有效性评价，可以发现资源配置中存在的问题。审计部门的建议、参谋和控制作用可以促进医院在运营过程中及时防范和控制风险，促进医院经营效益的提升。

二、医院全面预算的审计工作方案

一套合理、可操作性强的预算审计方案是预算审计顺利进行，实现审计目标的重要保证。审计方案的制订是确定审计人员、搜集资料、确定审计分工和报领导审批的过程。主要包括：审计小组的组成；拟定的审计时点和审计时间安排；拟定的审计范围、审计重点和审计人员分工等。

预算审计的资料搜集工作，首先是取得全部经过审批的预算、调整预算情况、预算执行报告和与实施预算配套的各项考核制度、标准等资料；其次是取得与预算执行情况相关的资料，主要包括财务、政策等方面的资料。

审计工作方案的主要作用是优化配置内部审计资源和提高内部审计工作效率，以便最大限度地达到预期目的。内部审计方案拟定后，要按照企业内部制度规定的程序报批，内部审计方案获批后，下达内部审计通知书，正式实施全面预算管理审计工作。

三、医院全面预算的执行审计

审计部门对医院预算执行进行审计，对促进医院遵守财经法规、促进经济廉政建设等方面会起到积极的作用。预算执行审计是对预算执行过程的审计，是保证预算执行不偏离预算规定目标的关键环节。

预算执行审计是指医院对本单位及各预算执行部门，在预算执行过程中筹集、分配和使用预算资金的情况以及组织预算收支任务完成情况和其他收支的真实、合法、效益性所进行的审计监督。

（一）医院全面预算执行审计的主要内容

1. 预算执行情况审计

（1）医院是否建立了预算执行责任制度；各项预算是否在预算期内得到了一贯的、严格的执行。

（2）全面预算管理指标完成情况。主要检查按时间进度分解的各项全面预算管理指标的实际完成情况。

2. 收入预算执行审计

（1）医院的各项收入是否由财务部门归口管理并进行会计核算，是否设立账外账。各部门在涉及收入的合同协议签订后是否及时将合同等有关材料提交财务部门作为账务处理依据，是否确保各项收入应收尽收，及时入账。财会部门是否定期检查收入金额与合同约定金额的相符性；对应收未收项目是否查明情况，明确责任主体，落实催收责任。

（2）医院是否建立健全票据管理制度。财政票据、发票等各类票据的申领、启用、核销、销毁是否履行规定手续。票据是否按照顺序号使用，是否做好废旧票据管理。

（3）预算部门在预算外资金的收取上有无擅定项目、扩大标准、违规收费问题；有预算收入上缴任务的部门和医院对预算资金的上缴情况，看有无截留、占用、挪用或者拖欠和私设“小金库”问题；医院（部门）有无零星收入（房租收入、下属医院上缴收入）不纳入预算，乱用财政资金的问题；各项专项资金收入是否及时纳入专户、专账管理；预算收入的追加是否符合法定程序，有无瞒报往年预算结余问题；部门预算收入结余的结转和动用是否符合规定。

3. 支出预算执行审计

（1）各项支出是否符合核定的预算计划，是否符合定员定额标准，有无违反规定，未经审批随意增员，巧立名目发放各种津、补贴的行为；医院经济活动的各项支出是否按标准进行，是否有明确的支出报销流程，是否按照规定办理支出事项。

（2）是否有货币资金支出预算，货币资金支出业务是否严格按先预算、后支出程序办理，有无未纳入医院预算的货币资金支出项目办理支付的问题；有无擅自对外借款情况。

（3）各项成本核算是否真实、合规，开支范围划分是否符合财经法规及全面预算管理的有关规定；各项经费支出是否符合财政制度和财经纪律，厉行节约、合理使用，有无讲排场摆阔气、铺张浪费，甚至公私不分侵占国家利益，以及贪污、转移资金等问题；费用的开支是否遵循预算标准、范围，费用的归集、分配、核算是否合规；有无将资本性支出在费用中核算的情况。

（4）专项支出是否符合专款专用原则，检查有无预算内外支出、建设支出、项目支出相互挤占的现象，有无挪用专款弥补经费等问题；资本性支出有无预算，是否按预算标准执行；是否建立了项目投资决策程序；工程项目是否进行竣工决算审计。

（二）医院全面预算执行审计的步骤

1. 实施查阅与确认步骤

第一步，预算执行审计人员，要查阅经过审批的预算、预算执行报告和相关资料，形成初步的审计思路。审计人员在查阅资料的过程中要先总后分，即先查阅总预算及其预算执行情况，后查阅分预算及其预算执行情况，并且在查阅资料过程中要逐步构建下一步审计的基本思路。这里的总与分是一个相对概念，就医院、部门而言，医院、部门是总，各项目是分；就各项目而言，各项目是总，各类别是分，以此类推。例如某审计人员按照审计方案的分工，负责资本预算执行审计，首先要查阅预算执行报告中的资本预算和执行方面的相关情况，确定所涉及的范围；假如该医院的资本预算只涉及固定资产投资，应再按这条主线确定固定资产投资所涉及的范围；假如固定资产投资只涉及购建和扩建固定资产的资本投资，应再按这两条主线分别确定购建固定资产投资和扩建固定资产的资本投资所涉及的范围。

第二步，预算执行审计人员要确认预算执行情况。审计人员确认预算执行情况要从预算的基本单位自下而上，根据不同情况采用适当的审计方法，逐步确认预算执行报告的金额和审批程序的真实性、合规性和有效性。在确认工作中，要先确认预算内的，后确认预算外的，再确认视同部分。

2. 实施分析评价步骤

分析评价是采用分析性复核方法确认预算与预算执行之间的差异。根据不同情况分别使用比率分析、比较分析、平衡分析、因素分析等方法分析产生差异的原因并揭示存在的问题，形成审计工作底稿的初稿。在分析评价中，要先分析评价预算内的，后分析评价预算外的，再分析评价视同部分。

在实施预算执行审计的分析评价过程中，还要分析评价预算考核部门对预算执行和绩效的考核情况及奖惩情况，保证预算执行审计的全面性。

审计人员对预算和预算执行情况实施审计后，应根据相关规定向预算委员会提交审计报告，作为评价、完善医院全面预算管理工作的重要参考和依据。

（三）医院全面预算执行审计的质量控制体系

1. 预算执行审计工作计划控制

预算执行审计工作计划控制是审计部门根据预算执行审计人员组成和规模、专业背景和水平等情况合理确定当年年度预算执行审计项目的难度、数量，合理配置预算执行审计人员和时间。通过科学的预算执行审计计划安排，合理确定预算执行审计的覆盖面，有效地防范预算执行审计风险的发生。

2. 预算执行审计对象风险控制

建立预算执行审计对象风险数据库，对预算执行审计对象的风险进行控制。

预算执行审计对象风险控制的具体办法包括：

第一，审计部门应当对医院的预算执行审计对象进行分析，根据已掌握的材料初步确定其风险状态。

第二，在年度预算执行计划确定后，再一次审核初步风险的合理性，根据风险状态确定预算执行审计人员的组成。

第三，在小组审计准备阶段，根据调查情况对预算执行审计风险进行调整或确认。

第四，在小组审计终结阶段，应当重新对预算执行审计风险做最后一次评估，以确认本次预算执行审计之初风险确定的合理性，用最后评估结论更新预算执行审计对象数据库的风险评价数据，对预算执行审计对象的风险进行动态反映。这种做法可以有效防止风险评估失误而导致出具不恰当的预算执行审计结论，从而引发预算执行审计风险。

3. 预算执行审计工作质量检查复核控制

审计部门应成立专门机构负责预算执行审计工作的复核，复核工作应当独立于预算执行审计组，并且复核人员应由具有专业胜任能力且责任心强的人员担任。该机构的主要任务是，对预算执行审计中的重大问题、重大审计调整事项、预算执行审计意见及处理决定等进行最后的复核。复核人员应该编制关于复核检查情况及其结果的书面报告。在复核过程中，复核人员应当与被复核部门就复核结果进行详细讨论。同时，审计部门应当建立相关机制和程序，以解决复核人员与被复核部门之间的争议。

4. 预算执行审计责任追究控制

审计部门应当成立预算执行审计责任追究机构并建立相应的制度，明确违反预算执行审计质量控制的具体行为应承担的责任。

四、医院全面预算的调整审计

预算调整是指在预算执行时，由各责任中心根据运营管理要求、环境或政策变化，通过预算分析等资料提出预算目标，调整申请，经预算管理委员会审批后对预算进行的修订。预算调整审计是保证预算调整合规性、必要性的重要手段。医院全面预算调整审计的内容主要有以下四点：

第一，预算调整事项是否偏离医院发展战略和年度财务预算目标；调整的重点是否是预算执行中出现的重要的、非正常的、不符合常规的关键性差异；预算调整方案是否客观、合理。

第二，预算调整是否符合预算调整的条件，是否属于编制时考虑不到位，多编、少编、漏编问题；当经营环境发生重大变化时，预算是否得到及时调整。

第三，预算调整是否符合相应的程序，预算执行部门是否书面报告，报告中是否说明了主要财务指标的调整情况、调整原因、预计执行情况和保障措施情况等。

第四，预算调整报告是否明确了财务预算执行的具体情况、客观因素变化情况及其对财务预算执行造成的影响程度，提出适当的预算调整幅度；预算调整方案是否经过了预算委员会的审核通过。

五、医院全面预算审计报告

医院实施全面预算审计可以发现全面预算管理方面的漏洞，对医院管理的经济性、效率性、效果性进行评价，提出合理、建设性意见，并出具全面预算管理审计报告。通过开展全面预算管理审计，可以促进医院认真贯彻执行全面预算工作，揭示和反映预算管理中存在的问题，分析原因，提出合理化建议，提高全面预算管理效率、效果和效益。

（一）医院全面预算审计报告的质量特点

为了充分发挥审计报告的作用，一份好的审计报告应具备一些基本的质量特征，即应当正确、客观、完整、清晰、及时、具有建设性，并体现重要性。

第一，正确。审计报告的形式和内容都必须是正确的。

第二，客观。审计报告应该是实事求是、无偏见的、不失真的报告。审计报告所述内容，都应该经过取证，以充分的事实为依据，特别是审查中的重大问题，都已根据具体的审计环境，进行了必要的测试；审计报告所做出的审计意见，是符合客观实际的，没有出于审计人员个人好恶而存在偏见的现象；审计报告应对审计中所发现的认可满意的业绩，如实地加以揭示，对审查中发现的问题，要揭示其真相，分析其原因。

第三，完整。审计报告是全面的报告，包括审计工作的目标，得到的结论、建议和行动计划。应按照规定的格式及内容编制，做到要素齐全，格式规范，不遗漏审计中的重大事项。

第四，清晰。审计报告应易于理解和富有逻辑性。审计报告所表述的审计目的、审计范围及审计意见，应力求语言清晰、观点清楚，尽量避免使用不必要的技术术语；报告中的各段内容，要层次分明，有逻辑联系。报告既要简明扼要、文字简练，又要完整地表达审计人员的观点；防止空泛的议论和对琐事进行阐述，力避行文冗长费解。

第五，及时。审计报告要按审计计划及时编制发出，以及适时采取有效纠正措施。

第六，建设性。审计报告能以其内容和论点帮助被审计部门，并能够引导其进行需要的改进。审计报告要针对被审计部门的预算管理活动的缺陷提出可行的改进建议，以发挥其对促进改善预算管理，提高经济效益的作用。建议是建立在预算审计中发现的问题和所作审计意见的基础之上，要求提出符合现有条件或改善现存经营状况的措施和办法。建议可以是一般性的，也可以是具体的。例如，对于审计中发现的有关支出分类不正确的问题，应提出适当的改进建议，而对一般性问题，可给出进一步调查或研究的建议。

第七，重要性。审计报告形成的审计结论与建议应当充分考虑审计项目的重要性和风险水平。

（二）医院全面预算审计报告的内容

第一，审计概况。说明审计立项依据、审计目的和范围、审计重点和审计标准等内容。

第二，审计依据。说明在审计过程中遵守的国家制定的相关法律、法规，上级单位制定的制度，医院制度等依据。

第三，审计结论。根据已查明的事实，对被审计部门的预算管理活动作出评价，结论要正确、客观、公正、实事求是，该肯定就肯定，该否定就否定，不能含混不清，更不能掺杂任何个人意志。

第四，审计决定及审计建议。针对审计中发现的主要问题提出处理、处罚意见或合理化建议。审计建议要确保可行性，不仅要体现一定的政策性和指导性，符合有关法规和制度要求，同时也要结合实际情况，有较强的针对性和可操作性，否则被审计部门难以达到整改要求。

（三）撰写审计报告的注意事项

第一，审计报告需要给予恰当的肯定。审计报告中对被审计部门取得的成绩或管理中存在的亮点着墨很少，一般会强调缺陷部分，以引起管理层的注意，并要求被审计部门加以整改，但审计报告应该是客观的且无偏见的，而以负面为主的审计报告，容易让被审计部门认为是来挑毛病的，不利于审计整改。只要有充分的证据支持，该表扬的，就不要吝啬语言，应当建议其继续维持。

第二，审计报告要提出可行的改进建议。现代内部审计的发展使内部审计功能由“监督”向“监督与服务”并举发展，要求为内部发展提供增值服务，这就意味着内部审计在监督评价的同时，还要关注整改落实情况及成效。医院借助重点突出、有针对性、可操作性较强的审计建议，能够找出问题的关键症结，对症下药，得到落实。过于原则化、笼统化的建议则无法得到落实。同时在报告编制过程中，对那些被审计部门认可且切实可行的建议，应及时落实，审计意见或建议提出的目的是希望被审计部门加强整改落实。另外，审计人员在编制过程中给予相关指导，本身也是对审计成果利用的一种督促。

（四）医院全面预算审计结果的公开

医院根据预算审计的要求，以规章制度的形式强化预算审计结果公开，明确预算执行审计风险产生时相关责任的确认和处理，把预算审计风险控制作为核心内容，保证预算审计工作质量。

（1）建立预算审计公开的质量控制体系，包括预算审计结果公开质量标准及审计结果公开质量检查、考评制度等。

（2）建立预算审计公开风险预警机制及补救机制，对预算审计公开过程中可能出现的问题及时采取相应措施，以降低预算审计公开的风险。

（3）明确医院预算审计人员在相应环节上的质量责任，实行预算审计结果公开责任追究制度。

第三篇　高校预算管理

第七章　高校预算管理的概述

第一节　高校预算管理的相关概念与研究意义

一、高校预算管理的特征

（一）高校预算资金自主使用权受限

政府近些年逐步完善了财政体系建设，对高校各项经费的管控也在不断地改进和加强。财政对高校所有的拨款，根据预算以项目为单位，全部进入国库支付系统，生成计划指标，高校提交用款计划申请，批复后方可使用。当高校申请支付某笔经费时，由指定的代理银行进行划款结算。并且支付系统设置了较多的资金监控规则，资金使用如有不合理、不合规的均会被退回，很大程度上起到了监控资金的作用。同时，对于学校的学费、住宿费等事业收入需要全额上缴财政专户进行管理，其额度返还根据当年学费、住宿费的预算金额返还到国库支付系统。

近年来，国家推行的预算一体化平台、中央转移支付平台、项目库平台等也都对高校的资金使用提出了更高的要求，这有效地防止了高校在资金使用过程中出现不良现象，但也在很大程度上限制了高校对资金的自主使用权。如果在实施过程中发现某项资金预算安排不足，其他资金不能被调整过来，很有可能造成该工作无法完成的情况。同时，随着政府采购制度的不断改革完善，高校重大项目的招投标更加公平、公正、公开，强化了政府对高校资金的监督职能。所以，合理安排预算、做好预算管理对于高校的发展尤为重要。

（二）高校预算资金的多元化

财政拨款资金是公立高校预算收入来源的途径之一，它占据了高校资金的主要部分，是高校发展教育事业的重要保障。财政资金主要包含学校的人员经费、公用经费、运转类经费和特殊目标类的专项业务经费等。同时高校的资金来源还包括学生学费收入、住宿费收入、技术服务费收入、技能鉴定等行政事业性收费以及其他收入等。

此外，国家近年针对高校还发行了专项债券，来补充高校的资金，满足其事业发展。多元化的资金增加了高校预算管理难度，同时也要求高校做好预算管理，充分利用各项资金，对资源进行优化配置。

（三）高校预算重视绩效管理

绩效管理往往被广泛应用于企业单位，是考核企业财务管理的一个重要手段，但随着我国教育事业的发展，国家对教育事业的投入逐年增加，教育资金的巨大投入使其资金难以管理，并且学校作为非营利机构，无法通过利润指标来判定其经营的好坏，所以绩效便是衡量高校发展的一个关键指标，同时也是政府部门对高校资金监管的一种方式。

（四）高校预算管理的全面性

预算管理的全面性体现在过程全面性、人员全面性以及收支全面性三个方面。

过程全面性体现了预算管理是一个过程性管理，它需要建立完整的预算管理体系，从编制预算到执行控制预算，再到分析调整预算，最后考核评价预算，充分实现了预算管理对高校资金的全过程管理，保障资金的使用效率，不断优化资源配置，从而发挥预算管理对高校事业发展的指导、推进作用。人员全面性是指参与到预算管理中的人员要全面，从高校的财务部门到主管校领导，再到各个职能部门、各个院系的所有人都要参与到预算管理中来。财务部门负责组织实施预算管理工作，主管校领导负责预算的审核以及高校发展战略的规划部署，预算编制过程中的教职工信息、工资薪酬信息需要人事部门提供；资产信息需要资产管理处提供；学生信息需要学生处提供；等等，这是一个全员参与的管理活动。同时预算在执行过程中，也需要所有人员严格按照预算的收支安排执行，明确资金的使用范围，加快项目的推进，保障资金使用的效率，并随时跟进项目，做好绩效评价。收支全面性是指预算管理的资金要全面，高校列入预算内的所有收入和支出都需要进行预算管理，避免出现遗漏现象。高校的预算收入涵盖了财政拨款、专户管理的教育收费、纳入预算的行政事业性收费以及其他收入等。预算支出涵盖了人员经费、公用经费、特定目标类的专项业务经费等。预算管理要渗透到资金的执行、控制、调整以及评价的全过程，使高校资金得到合理分配，优化使用。

二、高校预算管理的主要原则

第一，坚持“集中财力，保障重点”的原则。严格控制一般性支出，努力降低行政运行成本，统筹各项资金来源，着力优化结构，合理安排并充分利用预算资金。高校每年的财政拨款有限，学费、住宿费等事业收入也相对固定，在预算收入有限的情况下发展教育事业，应该结合高校的战略发展目标来安排现有资金的分配，在保障学校稳步发展的前提下，集中财力发展重点项目，做到稳中求进，优中选优。

第二，坚持“加强管理，硬化约束”的原则。高校在编制预算时不能凭空捏造，要严格遵守法律法规的相关要求，充分结合高校的实际发展情况，对预算的各项数据都要做到有理有据。并且在预算执行过程中，加快推进高校预算管理制度的建设工作，凭借制度约束，规避预算在执行过程中存在的风险，提高预算的科学性、合理性和有效性。

第三，坚持“强化绩效，提高效益”的原则。把绩效管理思想引入高校的预算管理工作中，构建针对预算工作的绩效管理体系。通过预算绩效管理，使预算内容更加科学精准，预算在执行时能够有效参照绩效目标，提高执行效率，同时对预算进行有效的绩效评价，充分调动高校开展预算管理工作的积极性，并及时发现预算管理过程中存在的问题，不断进行优化完善。

第四，坚持“尽力而为，量力而行”的原则。合理安排预算收入和预算支出。高校在编制预算收入时要结合实际，做到不虚增、不漏项，与财政政策顺利衔接，保障收入的可实现性；编制预算支出时坚持量入为出的原则，根据高校的实际发展需要和资金水平，科学核定支出预算，打破基数概念和预算支出固化僵化格局。

三、高校预算管理目标

第一，财务维度。财务维度对应的是高校预算资金管理，包括预算收入与预算支出，对于高校而言，该维度的预算目标是增加收入、节约支出、控制财务风险和合理进行资源配置，如将一些公共支出（如水电费）分解到具体的执行单位，使其成为可控支出，避免不必要的浪费等。

第二，学习与成长维度。高校的学习与成长维度是指提高教师队伍水平，增强师资力量，提高教学质量。

第三，内部运营维度。该维度是为了培养优秀人才、完善高校内部控制制度、提高科研产出质量及数量，主要涵盖了人才培养、科学研究、国际化办公和传承文化四个方面。

第四，客户维度。高校的客户主要包括学生、用人单位和其他社会公众，为了满足客户的要求，得到社会上更多的认可，提高社会效益，如协同攻坚，激励企业研究院、产学研合作伙伴等积极参与项目研究，推动技术进步；继续与国内外知名企业建立稳定的科技合作关系，促进科研成果转化、输出大量高素质人才，实现自我价值并满足用人单位的需要等。

四、高校预算管理的组织结构

高校预算管理组织由预算管理组织和预算执行组织两个层面组成。预算管理组织是在预算管理过程中基于整体战略的层面发挥主导作用的最高权力机构；预算执行组织是高校内具有一定权限，并能承担相应预算责任的内部单位，主要由高校的各教学单位和职能部门组成。

（一）高校预算管理组织

高校预算不仅仅是一项行政管理工作，它需要较高的专业胜任能力。因此，高校应设立预算管理委员会，为了保证部门的权威性，委员会会长需由校长或分管财务的副校长担任，其他成员由各教学单位的财务负责人、计财处预算科的教职工及其他各职能部门的财务负责人组成，成员之间互相牵制，共同客观公正地为预算管理服务。委员会的主要职责是根据高校的战略目标确定预算目标并下达给各预算执行单位；审议各执行单位上报的部门预算草案；与各执行单位不断沟通、协调在预算执行过程中出现的问题；制定整体的高校年度预算；进行预算绩效考核评价，实施激励与问责；等等。

（二）高校预算执行组织

高校预算执行组织由各预算执行单位组成，每个执行单位都是一个责任中心，他们拥有参与预算执行的权力，也需要承担相应的责任。设立预算执行组织，能够消除推诿扯皮、责任不清的现象，维护预算的严肃性。

对高校来说，根据执行单位的权责范围不同，预算执行组织主要分为职能部门和教学单位两个方面：

第一，职能部门。一般来说，高校的职能部门是不能自主取得收入的，如发展规划处、党委办公室、保卫处等部门，只能对本部门可控的支出进行预算，所以，这些执行部门在预算工作中的责任主要在于依据战略目标对本部门的各项支出，如水电费、职工经费和办公费用等进行合理预算，并对预算上报后经预算管理委员会审批通过后下达的预算目标值承担责任。

第二，教学单位。对于高校来说，学费收入和科研收入是其主要的资金来源，因此，教学单位要重视对学费和科研等收入的预算。此外，教学单位的支出多是为了培养学生和开展科研项目，因此，也要重视对支出的预算，如确定奖助金的金额、科研成果奖励以及本单位应承担的公用经费，并对教学质量和产出的科研成果负责。

预算管理组织层和预算执行组织层并非相互脱离的两个层面，前者在战略层面引导高校整体预算管理工作的方向，后者在职能层面推动预算管理工作的实施和制度的落地，二者只有互相协调、沟通、配合，才能更有效地保证预算管理的良性运行。

五、高校预算管理研究的意义

我国十分重视在教育事业上的投入，因此推进了对教育经费的全面、科学、细化管理，通过对预算管理的强化，提高预算编制的科学性、准确性，从而提高预算执行效率，不断推进预算公开。因此，研究高校预算管理，不仅能够推动高校教育资源优化配置，将有限的资源合理分配，也能够推动整个教育事业的向前发展。

研究高校预算管理，建立绩效考核和评价体系，建立健全相关的奖惩机制，不仅能够在资金动向上反映出学校日常工作中可能存在的问题，而且可以根据绩效评价结果，对下一年度资金分配进行调整，提高资金利用率，还可以通过奖惩制度，提升对预算管理的重视程度，调动预算执行的积极性，充分体现民主、公平、公正的编制理念。优化后的预算管理模式可以优化资金利用率，强化高校组织管理，利于加强高校人才培养，扩大高校影响力，提升综合办学能力。

第二节　高校预算管理的治理优化研究

一、高校预算编制的优化措施

近年来，政府更加关注高校资金的使用效率，对高校的预算管理工作提出了更高的要求。单一的预算编制方法已经无法保障预算的科学性和准确性，对高校预算的编制应采用增量预算法、零基预算法、绩效预算法相结合的方式。

预算编制内容的完整、合理，直接影响到高校预算的执行率和资金的使用效率。高校现阶段对预算的编制不够细致，很大程度上影响了预算的完整性。

高校应采取上述预算编制方法，全面编制预算收入和预算支出，避免出现预算漏项，同时应把部门预算数据作为编制校内预算的基础，避免预算信息不对称、内容不相符的问题，充分保证部门预算与校内预算内容的一致性。在编制校内预算时，高校对于部门预算中的专项资金要严格遵守专项资金管理办法使用，足额分配给项目责任部门，严禁将部门预算的专项资金在校内预算中拆分使用。

二、高校预算执行与控制的优化措施

（一）加强高校预算执行的监管

1. 加强高校用款计划的监管

高校应该要求各部门、各学院严格按照项目实施进度或资金需求情况，向计划财务处编报月度用款计划申请，进一步加强对预算执行的监管。各部门和各学院可于每月 25 日填报次月的用款计划申请表，申请表中应填写项目经费的名称，用途和申请金额，经项目负责人、部门负责人签字确认后上报至学校计划财务处。财务处按照各部门的用款计划申请，在报账审批系统中对各部门各项经费设置相应的申请额度。对于未在用款计划申请中列明的事项，财务处原则上不予报销支付，如果确实存在特殊情况，应由资金使用部门向主管财务的校领导审核批准。通过加强对用款计划的监管，提升高校对支出预算执行的预判性和规划性，对提高预算的执行率有一定的促进作用。

2. 加强高校预算执行力的监管

计划财务处应于每月月初对各部门、各学院预算的执行情况进行统计整理，并将结果上报校长办公室，公示所有预算项目的执行进度，督促责任部门加快项目的实施。同时在高校内设立预算执行预警标准，然后将实际执行率与标准执行率进行对比，不达标的要向校长办公室提交原因说明及改进措施。各执行部门通过对其预算执行率不达标的项目分析原因，然后不断改进，从而提高预算资金的执行进度。

（二）加大高校预算控制力度

高校结合预算管理的实际情况，从制度建设和信息化建设两个方面加大预算的控制力度，保证预算管理的权威和高效。

1. 健全高校预算管理的控制制度

健全高校预算管理的控制制度，充分将控制活动贯穿预算管理工作的全过程：对预算编制、审批阶段实施事前控制；对预算执行和调整阶段实施事中控制；对预算绩效评价阶段实施事后控制。

严格按照预算编制的原则，采用科学的编制方法完成预算编制，保证收入和支出的合理性。由计划财务处联合发展规划处，结合高校的实际发展情况和战略目标，对预算内容的合理性进行分析判断，并将预算数据报送至校长办公室，由校领导和各部门负责人对预算资金的安排重点讨论、完成审批。在预算执行和调整时进行预算事中控制。高校各项经费的报销申请，应严格按照经费审批流程进行，流程中的审批人要充分履行各自的职责和义务，关注经费支出的必要性和科学性；计划财务处在进行会计核算和资金支付时，要严格遵循政府会计准则制度，结合高校各项经费使用办法，把控经费使用的真实性、合规性和合理性，避免经费超标使用；高校应严格控制预算调整次数，并列明能够进行预算调整的事项，制定完整的预算调整审核流程，充分调控资金的合理分配。在预算绩效评价时进行事后控制。高校应建立合理的预算绩效评价体系，控制评价指标的选取和评价标准的制定，把所有预算资金放在同一标准下进行合理评价，同时由审计部门和财务处严格控制评价过程的公平公正，保证评价结果的科学性和有效性。

2. 推动高校预算控制的信息化建设

高校充分借助信息化平台，将预算管理的各项工作以统一的标准、统一的口径融合在一起进行控制管理。结合当前高校财务资料的信息化水平，构建项目预算管理大数据平台。该平台基于上级主管部门的项目预算绩效管理的要求，做到对上级部门拨付资金使用情况更全面、更深入、更高维度的大数据监控，统计分析所有项目的预算预警信息及预警处理情况，实现对项目预算管理水平的整体提升。

项目预算管理大数据平台建设主要包括：设立科学指标体系，监督学校项目预算执行情况；综合分析项目预算监控结果，发现经费使用问题的类型、频次、走势等，优化监控策略，逐步扩展监控模型和策略；动态监控大额资金流动情况和项目执行进度等重点监控内容；监管评价、监控结果分析、大额资金及项目监控三大功能模块；对预算执行、绩效考评等多个场景中存在的老问题、新问题进行系统性分析梳理，并在过程中进行指标体系建设以及数据建模，最终形成适用主管部门管理需求的项目预算管理指标体系以及监控策略。通过项目预算管理大数据平台，实现对预算项目的动态监控，并提供监控日志，增强财务监管的直观性、统一性和及时性。

三、高校预算调整的优化措施

（一）优化高校部门预算调整

高校要改变对待部门预算调整的态度，不能有意回避，要充分利用调整机制，以保证预算顺利执行。如果高校在预算年度出现如下情况，那么就需要向主管部门申请调整预算：项目因政策影响或者外力因素导致无法顺利开展；项目的实施内容与当前学校的事业发展目标相去甚远，不需要继续实施；纳入预算的行政事业性收费、专户管理的教育收费以及其他收入的预算数与实际偏差较大等。对于预算执行过程中出现重大事件，要对部门预算进行调整时，需要经学校研究同意后报送至上级主管部门审批。

（二）优化高校内部预算调整

第一，限制高校校内预算调整的次数，通过压减调整次数，避免预算调整的随意性。同时将调整时间设定为与部门预算的调整时间一致，保证调整的一致性。

第二，加强高校对预算调整的审核，由计划财务处、发展规划处集中对调整事项进行初审，判定调整事项的必要性，剔除不必要的调整事项，编制预算调整方案并上报校长办公室审批。通过两次审核，提高预算调整的合理性和有效性。

第三，制定高校校内预算调整的具体工作流程，保证调整工作有序进行，提高预算调整效率。

四、高校预算管理的其他优化措施

（一）树立管理理念

高校的主要职责是发展教育事业，教师是高校发展的第一生产力。从本质上讲，为实现教育事业的快速发展，高校的财务以及其他行政工作都是为教学人员开展教育活动提供服务的，所以，高校财务人员在预算管理过程中，必须转变传统的管理理念，充分采取“放管服”的管理理念。

第一，适度放权。对于高校校内预算的编制，要充分交由各部门、各学院自行开展，便于结合实际发展需要进行资金安排；对于教育事业费和科研经费预算的执行，主要由各部门、各学院的负责人以及分管校领导审批执行，避免因财务人员不了解经费执行过程中的具体情况而影响预算执行进度。

第二，放管结合。高校财务处要在适度放权的基础上，对预算管理活动进行全方位的监督管理，确保预算管理工作的有效开展。

第三，优化服务。增强高校财务人员的服务意识，改善服务态度。在预算管理过程中，财务人员对待各部门、各学院的办事人员要积极热心，主动提供服务工作，对预算管理过程中出现的问题要耐心处理，提高财务的服务质量和办事效率，加强与各部门、各学院的沟通交流，实现全员参与预算管理活动，全面提高预算管理水平。

（二）增加高校预算管理的人员投入

为了改进预算管理工作，高校需要加大相关业务人员的投入，使学校各部门都参与到预算管理工作中，提高工作的配合度，降低工作的实施难度，保证预算工作的精细化管理。

在高校组建预算管理工作组，由校长担任主管领导，负责对各项预算工作的审批；由计划财务处、审计处、发展规划处三个处室的主管校领导、部门负责人以及从事预算管理工作的业务人员成立预算编制工作小组、预算执行与控制工作小组、预算调整工作小组以及预算绩效评价工作小组，负责管理预算工作的全过程；由计划财务处的计划管理科作为预算资料的处理中心，负责对接各学院以及职能部门的预算工作，收集整理各项预算数据，并反馈给上一级的工作小组；由各学院、各职能部门从事预算工作的相关人员成立各自的预算管理小分队，负责本学院、本部门的预算管理工作，积极配合计划管理科，高效完成学校要求的各项预算管理工作任务。

（三）完善高校预算管理制度

高校目前的预算管理制度不完整，导致预算管理工作难以全面开展。高校应结合实际情况，从以下五个方面补充完善预算管理制度。

第一，完善预算的编制制度。明确高校预算编制的原则、方法，使预算采用统一的编制口径，保证预算编制的科学性；明确高校的预算编制程序，提高预算编制的效率。

第二，完善预算的执行与控制制度。明确高校预算在执行过程中应注意的事项、规避的风险，使预算的执行更加合理、合规；明确高校各部门预算控制的权责划分，保障预算管理活动的顺利进行。

第三，完善预算的调整制度。明确高校哪些情况下需要进行预算调整，避免预算调整过于随意，降低预算管理工作的负担；明确高校预算调整的相关流程和申请材料，加快预算调整工作的进行。

第四，完善预算绩效评价制度。明确高校预算绩效的评价指标、评价标准以及评价流程，使绩效评价工作能够顺利开展，同时保证评价过程公开透明、评价结果公平公正；明确高校关于绩效评价的奖惩规则，充分调动预算管理工作的积极性。通过对预算管理制度的补充完善，不仅使高校的预算管理工作有据可依，还促使管理工作更加顺利地进行。

（四）开展高校预算管理培训活动

高校的预算管理工作不仅需要充足的人员支持，也要加强预算管理相关业务的培训学习，努力提升工作人员的业务能力。在高校成立预算工作学习小组，组长由计划财务处担任，小组成员由所有学院和各职能部门组成。计划财务处作为预算管理的核心部门，负责预算的编制、执行、控制、调整、绩效评价等工作，是主管部门和学校内部的联结者。培训活动由计划财务处组织进行，培训活动主要从以下四个方面进行：

第一，预算管理制度以及相关文件的学习。高校内部的预算管理制度主要由计划财务处联合审计处制定，财务处对制度内容有深入的理解，在组内进行制度讲解，规范小组成员的预算管理活动，做到事前风险规避。

第二，传达上级主管部门的相关政策和通知。上级主管部门将预算管理相关工作政策和通知下达给高校计划财务处，计划财务处传达给各部门，并组织对政策文件的学习，保证高校响应政府相关政策，严格规范预算管理工作，同时将主管部门发布的预算工作任务的通知，及时传达给学校各经办部门，保证工作的顺利完成。

第三，对预算管理各项具体工作的学习。可以由高校计划管理科具体的业务经办人员对预算管理过程中的具体操作进行讲解，由财务处处长对相关问题进行答疑解惑；也可以聘请高校预算管理方面的专家开展培训活动，增强预算管理人员的业务能力。

第四，与其他高校进行预算管理工作的交流学习。省内高校在预算管理工作中存在一定的共性，高校可以通过分享交流，学习其他学校在预算管理工作中的好方法，以及对共性问题较好的解决策略等，从而弥补本校的不足，完善预算管理工作。

第八章　高校预算管理若干问题探讨

第一节　高校财务风险问题研究

一、高校财务风险评价指标体系的构建

（一）高校财务风险评价指标的选取原则

财务风险评价指标体系构建是否科学、合理直接影响财务风险评价结果的准确性。所以，为了保证评价结果的准确性，设计评价指标时必须遵循一定的原则。

第一，系统性。高校的财务风险评价指标体系的构建必须与高校的业务活动息息相关，能够全面反映财务情况和真实状况。风险评价指标体系涉及筹资、投资、营运和发展四个方面，涵盖范围较广，但是这四个环节又相互影响，相互作用，具有很强的系统性。

第二，客观性。作为高校，其财务风险评价体系采用的指标必须体现高校的特征，反映高校真实的财务状况。结合高校的具体情况，从实际出发，对指标进行筛选，最终确定适合的指标体系。

第三，科学性。财务风险指标体系的设计能够反映出高校财务状况的特征。

各指标体系分类合理，层次结构科学，并且各层次指标无重复和遗漏，各指标相互独立又相互补充。数据获取方式科学合理，数据来源真实可靠，数据处理方法恰当准确。

第四，可操作性。高校财务风险评价指标体系的设计应充分考虑获取数据的可能性，以及获取数据进行定性和定量处理的可能性。指标体系不仅能够反映高校的真实财务状况，还要符合相关规定。指标具有简洁性、可比性和可理解性的特点。

（二）高校财务风险评价指标体系的选择

第一，筹资风险指标。速动比率、资产负债率、年末借款总额占总收入的比率。

第二，投资风险指标。对内投资支付能力、资产收入比率。

第三，营运风险指标。教师薪酬支出比率、经费收入支出比率、公用支出比率。

第四，发展风险指标。银行存款保障率、学费收入增长率、货币资金余额增长率、净资产增长率。

二、高校财务风险控制措施

（一）筹资风险控制措施

1. 筹资渠道多元化

（1）充分利用学校讲堂、教师等资源与当地城市人力资源局、社会保障局和工会等相互合作，为其提供相关的社会培训，在提供服务的同时也获得一定的收入。

（2）尝试吸收民间资本。高校可以充分利用高校信誉和民营企业进行合作。民间资本的注入会增加高校办学的广度和深度，提高办学实力。吸收民间资本，既满足了自身对资金的需求，也充分利用了社会的闲置资源，为当地经济注入了新的活力，为当地经济发展贡献了自己的力量。此外，高校还可以通过校友会进行筹资，例如，向历年毕业的学生尤其是优秀校友寻求捐赠，这在一定程度上可以缓解筹资困境，降低筹资风险。

2. 加强筹资规划

高校可能出现由借款不能及时到账导致的延迟资金支付和占用其他资金的状况，其主要原因是缺乏完善的筹资规划。为避免该种情况的发生，高校财务处应该树立风险意识，结合自身资金需求状况，对筹资进行提前规划。

财务处处长和主管会计应该对年度资金需求总额和如何保障充足的资金维持学校运营有整体把握，尽量避免出现账上资金不足而必须紧急贷款的情况。对于当地城市的银行而言，尤其是地方性或者区域性的银行，其贷款手续烦琐，程序复杂，并且贷款额度小，这也是需要提前筹划贷款时间的重要原因。

区域性银行为高校的开户行，因此，高校贷款一般首先向区域性银行贷款。区域性银行对高校的财务收支状况比较了解，加上经济和综合实力相对较弱，因此给予贷款的额度较小，适合短期小额资金的周转。当资金链出现问题时，高校应该向经济实力比较强的大型银行申请借款。此外，高校财务处应该提高财务全体人员筹资筹划意识，及时识别筹资风险，防患于未然。

（二）投资风险控制措施

高校应该建立固定资产监管制度，提高对固定资产的重视程度和管理质量。

在账务处理上，应该建立固定资产卡片，并在会计核算中完整录入固定资产卡片。详细记载固定资产的购置情况和使用情况，并配备专业人员负责固定资产模块，与资产管理处加强合作，加强固定资产的管理，并且定期进行盘点，以维护高校固定资产的安全，以此减少不必要的投资，节约投资投入，降低投资风险。

（三）营运风险控制措施

1. 提高高校财务人员的专业素养

高校的财务活动不应仅仅停留在简单的报账、算账和记账等事务性工作上，而应把每位财务人员培养成为参与预算与管理，实施控制和监督的实干型理财能手。

学校可以安排固定的培训课程，并对课程结果进行定期考核，考核结果提交人事，并且鼓励财务人员考取会计相关证书，中高级会计职称和薪资挂钩。在熟练掌握专业知识与技能的基础上，财务数据的分析与预测实施工作才更有意义，相应地，营运风险意识和风险识别的能力也会提高。

2. 建立并完善高校内部审计机制

内部审计工作是预防营运风险的重中之重，实施内部审计是管理层进行决策的重要依据。因此，高校在提高财务人员审计意识的同时应该建立以监督和服务为重点的内部审计制度，做到内部审计工作的开展有章可循，积极开展内部审计工作。

（1）结合自身状况和财务人员的专业素养确定审计成员，建立内部审计体系，明确审计对象和审计范围，确定审计部门的权限范围，将内部审计规范化和制度化，为内部审计工作的开展奠定基础。

（2）在审计工作推行过程中，应当确保内部审计部门的独立性和权威性，保障内部审计部门不受治理层的制约，客观、独立地进行审计工作。同时加强内部审计队伍建设，不断提高内部审计人员专业素质。要提供高质量的审计监督和服务工作，必须建设一支作风优良、专业技术过硬的内部审计队伍，建立一套行之有效的考核办法，接受上级领导和全体人员的监督。在做好内部审计工作人员的业务能力培养的同时，兼顾审计人员的职业道德教育。

（3）加强文化建设，营造良好的内部审计环境，增加财务人员对内部审计工作的认同度。这样才有利于开展内部审计工作，发挥内部审计的监督与服务作用，发现高校财务日常运营中存在的问题并提出改正建议，从而降低营运风险。

（四）发展风险控制措施

1. 加强积极引导

在高校发展过程中，政府应该充分发挥引导者的作用，以促进其持续发展。对于新校区的建设，政府应该要求高校上报所有的扩建计划，并结合学校自身财务状况和发展现状进行考评。对于确实不适宜扩建的项目应该予以驳回。同时，应鼓励高校坚持内涵式发展，强调优化专业结构，提高教学质量和增强竞争实力。在实施内涵式发展过程中引导其与时俱进、更新观念，以开放、求真、务实和创新的胸襟和精神，提出有利于教学、科研和学科发展的理念。

确立注重学校发展理念、学校优秀文化、教育科研水平、教师专业素养、人才培养质量、工作质量和水平等方面建设的工作思路，最终形成政府积极合理引导，高校密切配合，内外合力，共同促进高校更好发展的良好局面。

2. 制定合理的高校发展规划

高校应该制定合理的发展规划，避免发展的无序性和盲目性。就目前高校的发展状况而言，高校进行外延式发展并不是最佳的发展途径，实施内涵式发展才是其最佳选择，即致力于提高办学质量与科研能力。结合自身发展实际，分别制定中、长期发展规划。中期规划侧重于推动教学质量和教师素质的提高，为学生提供更大舞台，加大科研投入，优化学校组织体系等；致力于提高办学实力，培养优秀人才。在中期发展规划落实较好，发展成果丰硕的基础上，长期发展可以侧重于学校规模的扩大等，并且建立资源、制度、机制、组织和文化等保障体系，确保发展规划的顺利实施，从而通过合理规划发展蓝图降低发展风险。

3. 提高高校的潜在生源吸引力

高校想要在激烈的生源竞争中占有一席之地，必须通过提高办学质量，打造特色专业，培养优质的应用型人才，增强对潜在生源的吸引力。

（1）进一步优化育人环境，形成浓厚的学习氛围，同时加强大学生思想文化教育，提高思想道德水平，鼓励和引导大学生弘扬和践行社会主义核心价值观。

（2）继续打造品牌专业和特色专业，加强教师的培训与考核，提高教师素养和授课技能。侧重实践教学，提高学生的实践能力，培养实践型应用人才。

第二节　高校后勤财务预算管理

一、高校后勤财务预算管理的组织优化

（一）成立高校后勤财务预算管理小组

改善高校后勤在预算组织管理方面缺乏协调和重视不足等问题，应在高校后勤建立一个专门负责预算管理的组织机构，使其独立于各预算部门，负责后勤预算的编制审核、执行、控制的监督、绩效考评体系的设立及评价等预算管理工作，

以此弥补目前高校后勤财务预算管理相对松弛的不足，有效提升后勤预算组织协调水平。

根据高校后勤目前的总体组织架构，预算管理小组可由后勤服务中心主任担任组长，下设预算管理小组。整个高校后勤服务中心各部门的预算管理工作都由其负责，受其监督。通过提升预算管理小组的地位，可使各部门充分认识到整个后勤服务中心对预算管理工作的重视，有效降低高校后勤预算管理过程中的协调难度。

高校后勤预算管理小组成立后，应经常邀请专业人员对财务人员及预算管理小组人员进行定期或不定期的培训，不断加强预算管理参与人员的专业水平，提升其预算管理综合素质，进而保证整个后勤预算管理工作的顺利开展。

预算管理小组成立后，由后勤服务中心办公室召集各部门召开预算管理专题会，向各部门强调预算管理工作的重要性，同时要求各部门必须确定专门的预算管理专员加入预算管理小组，各部门预算管理专员负责本部门所有的预算及协调工作，定期向本部门负责人汇报预算情况。

（二）采用科学的高校预算管理模式

第一，以成本控制为核心的预算管理模式。学校预算部门中无收入的部门应采取以成本控制为核心的预算管理模式，这些部门主要为服务保障部门，如公寓楼宇服务部、能源保障部、校园绿化保洁部、校园维修部、综合办公室。这些部门都属于纯服务部门，无预算收入，所有预算管理环节以控制成本为主要目标，通过对预算管理各个环节的有效管理，减少不必要支出，达到节流的目的，但节流的同时要确保服务质量。

第二，全员参与预算管理工作。预算管理对于完善财务管理起着极其重要的作用，关系到整个高校后勤的可持续发展。高校后勤的发展与每位后勤员工的利益息息相关，每位后勤员工都应有预算管理意识，各部门也应在预算管理过程中将本部门的预算管理情况定期传达给每位员工，使每位员工及时掌握本部门的预算情况，树立成本核算、效益以及主人翁意识，能够结合自身的工作情况对预算资金的使用进行规划和监督。

高校后勤在预算实施过程中，应建立起与学校总体发展战略目标相一致的预算管理流程，这样才能使高校后勤管理与学校发展目标相一致，为高校发展贡献力量。

二、高校后勤财务预算管理过程的优化

（一）高校后勤财务预算编制的优化措施

高校后勤所有收支业务均应纳入高校预算体系，这样才能保证高校预算编制的完整性、准确性。针对预算编制范围不全面的问题，应将高校后勤所有收入、支出按具体项目进行细化，以确保高校后勤预算编制的全面性。

高校后勤预算编制方法主要是参照以前年度数据进行加减，这种方法相对比较简单，适用于预算编制时间比较紧的情况，但也会使预算核算不够细致科学，从而使资金的使用效率偏低。因此，高校后勤应根据各部门业务特点和实际情况，综合运用多种预算编制方法，来提升预算编制的科学性和准确性。

（二）高校后勤财务预算执行的优化措施

1. 加强高校后勤财务预算执行的比较分析

（1）要想提高高校后勤各部门预算执行能力，财务部门应将各部门预算结果进行对比并公示，使各部门之间互相学习，而不是闭门造车，各部门之间互不了

解预算执行情况。因此在对高校后勤预算执行进行优化时，高校后勤需要通过对各部门不同时期的预算执行情况的分析比较，将执行结果的好坏落实到各部门的各项责任中，并根据预算执行情况问责追责。通过改变高校后勤现有的预算管理模式，可以有效增强高校后勤各部门之间的沟通与合作，增强各部门执行预算的责任感，以此达到提高预算执行效果的目的。

（2）高校后勤各部门执行预算是预算管理中承上启下的重要环节，为更好地提高高校后勤预算管理的监督力度，高校必须不断提高各部门的预算执行能力。因此，高校后勤财务部门也应提升预算数据的透明度，通过对各部门预算执行情况的实时追踪并定期公布各部门预算执行情况的数据分析，使各部门明确知晓各自的预算执行情况并及时调整预算执行中出现的问题，同时增强财务预算管理的管控能力。在两个会计年度衔接期，要求各单位明确预算执行所属的年度，做好财务预算执行情况的数据统计和分析工作。

高校后勤财务预算执行能力的比较分析可以通过纵向比较和横向比较相结合的方式进行。纵向比较主要是各部门不同年度的数据对比，可以通过与上一年度同期的数据对比，分析可能存在的问题，不断进行经验总结，明确掌握各自部门的预算执行情况；横向比较主要是高校后勤各个部门之间的数据对比，目的是使各部门相互借鉴，相互监督，改进自身不足，形成合力，共同推进高校后勤预算管理工作的顺利进行，完成当年的预算目标。

2. 规范高校后勤财务预算调整程序

高校后勤工作具有复杂性和可变性，在预算执行过程中可能因为主客观因素的变化存在需要调整的项目，但预算调整应当遵循严肃性原则，要将重点放在预算执行过程中的确需要调整的关键性项目上，同时严格规范预算调整程序。

需要进行预算调整的部门，应该按程序提交书面申请，内容应陈述客观因素的变化及预算执行的具体情况，经其主管领导批准后提交高校后勤预算管理小组讨论审批，获得审批后由财务部门对其预算进行调整。

（三）高校后勤财务预算控制的优化措施

高校要想优化、完善预算管理制度，就要建立健全预算管理的控制环节，完善控制的事前、事中、事后各个环节的具体管理制度。在学校预算编制通知及预算额度下发前执行事前控制，事中通过加强管理及预算执行情况分析进行控制，事后通过审计监督进行控制，最终使各部门都能顺利完成本年度的预算目标。

1. 严格高校后勤财务预算的事前控制

为使高校后勤预算更好地发挥作用，高校必须从事前控制入手。针对高校后勤存在的预算编制时间较短、内容较随意等问题，要想强化事前控制，高校必须进行必要的调整，严格预算审批流程。

从高校下发预算编制通知开始到正式上报的时间较短，各部门编制预算比较急促，基本都是在以前的数据上进行加减后上报，没有时间对具体预算编制内容进行严格的审查与分析。针对此问题，高校后勤应适当调整预算编制时间，在高校下发预算编制通知之前完成后勤各部门的预算编制、审批工作，由高校后勤财务预算管理小组以充足时间对预算编制内容进行详细讨论、分析，由此使高校后勤在整个预算年度都可以通过预算对各部门进行严格控制。

在调整后勤预算时间的基础上，高校还应加强每月的预算控制，这样可以随时发现预算执行过程中的问题，同时也比年度预算更容易控制，精确度也更高。高校可以按月度给各部门设置预算控制线，及时对可能超预算的部门采取控制措施，从而对其经费进行控制。

2. 加强高校后勤财务预算的事中控制

（1）完善高校后勤采购库存监管系统。高校后勤各部门每年预算中材料采购数量、金额都比较大，因此，建立统一的信息化采购库存系统对于监控材料及办公用品等采购有着至关重要的作用。高校后勤应通过统一的网络库存管理系统，将各部门材料的采购入库及库存情况统一管理，并对其进行实时监控。

（2）建立严格的高校后勤预算经费报销制度。结合高校后勤的具体情况，在预算执行过程中加强监督作用，在各部门财务报销阶段加强财务预算控制。完善财务会计核算中各部门预算经费报销审核权限管理制度，提升财务预算管理的执行力度，有力保障预算管理的权威性和有效性。

在进行财务报销时，高校后勤各部门预算经费责任人应对其经费使用内容严格把关，确保每一笔经费支出都有对应的预算，有据可查。而到财务部门对报销原始票据进行审核时，财务人员不能只关注票据本身的合法性，更应关注各部门费用报销的逻辑性与可行性，尽量避免月末、年末的集中报账，以确保每笔经费支出的合理性。对于各部门办公经费的支出报销应加强审核，办公设备的采购必须提前申请，差旅费报销必须符合高校的相关规定。另外，高校后勤应不断提高财务人员综合素质，尽可能多地组织财务人员进行培训与讨论，使财务人员能够切实掌握预算控制的要点。

3. 加强高校后勤财务预算的事后控制

虽然高校审计处每年都会对后勤的记账凭证及经费使用情况进行审计，但由于高校审计任务过多，不可能对所有票据进行仔细审查，对于后勤业务也不太熟悉，就会导致有些不合理的报销问题未能及时发现，从而产生资金浪费的情况。

高校后勤应通过预算管理小组按月对各部门的报销及预算经费使用情况进行

内部审计，及时对报销过程中发现的不合理问题进行讨论和汇报，增强事后控制的严肃性，为加强高校后勤预算控制提供有力保障。

（四）高校后勤财务预算评价及考核的优化措施

1. 完善高校后勤财务预算评价体系

高校对后勤各部门在整个预算管理过程中的完成情况进行定性和定量考核，并以此作为对各部门进行预算评价的基础，再根据考核结果制定合理的奖惩方案，对考核结果优良的部门给予奖励，对考核结果中差的部门给予通报批评并进行相应惩罚。在绩效指标体系设置中，既要关注财务指标，也要关注非财务指标；既要考虑眼前利益，也要考虑长远发展。

2. 制定与预算评价结果相结合的考核奖惩制度

高校后勤要提高预算管理水平，就需要将预算评价结果与各部门的绩效考核相结合，以提高各部门对于预算管理工作的完成质量，进而提高预算资金的使用效率。对预算执行好的部门给予绩效奖励，激发各部门加强预算管理的积极性；对预算执行不好的部门扣除其绩效奖励，提醒其重视预算管理工作。

3. 加大高校后勤财务预算公开力度

为了加强后勤各部门之间的相互监督、相互促进，高校应加大财务预算公开力度。预算管理小组应在月末、季末、年末统计各部门的预算执行情况，并对各部门各项经费的执行效果进行通报，详细介绍各项经费的使用方向和范围、各部门的年初目标及完成程度，分析预算执行偏差，及时发布于后勤内部信息平台上。高校后勤各部门财务预算信息透明度的逐渐增加，有利于加强对高校后勤各部门的监督和制约，这必将对预算管理的发展起到至关重要的作用。

三、高校后勤财务预算管理优化措施的实施保障

（一）建立全员参与制度

第一，预算管理应是全员、全过程的管理过程，高校后勤的发展关系着后勤每位员工的发展，需要后勤全体员工在认识上认同、过程中配合。因此，高校需要后勤部门对全体员工进行宣传和培训，将预算管理的作用和意义告知每位员工，提高所有员工对预算管理的认识水平，提高高校后勤的整体管理理念，使预算管理理念深入人心。

第二，通过将预算管理与绩效工资改革相结合的方式，提高高校后勤员工积极参与预算管理的热情，将预算管理目标落实到每个职能部门，落实到每位员工，每个部门、每位员工都应当明确各自在预算管理中所承担的任务。

高校后勤应逐步完善财务预算导向管理，通过全方位的财务分析与考核管理的绩效评价制度及工作机制，建立健全预算执行效果与偏差纠正的定期追踪机制。预算管理小组应在全面组织财务常规性集中管理的同时，依托预算编制、预算执行、预算控制及预算评价等各方面的审计结果，指导监督相关业务部门严格控制主要成本费用支出，严格执行重要经费前瞻计划性支出，严格独立核算部门自负盈亏管理，严格进行高校后勤财务预算的良性循环管理，用好财务绩效指标，做好统筹规划，逐步实现预算责任与高校后勤绩效工资直接挂钩的有条件兑现，以此促进全员参与财务预算管理。

（二）加强高校后勤全面实施预算绩效管理工作的力度

全面建立规范透明、标准科学、约束有力的预算制度，全面实施绩效管理。高校应按照相关法律法规的规定，将所有预算资金纳入预算绩效管理范围，使其贯穿于预算管理的全过程，做到所有预算支出必须取得效果、无效果必须问责，

要把绩效评价结果与预算和政策调整挂钩，无效果和低效果资金一律削减，长期挂账的预算资金必须收回，统筹用于其他需要使用的领域，使积极的财政政策更加聚力增效。

高校后勤应按照国家、学校的统筹安排，切实转变思想观念，牢固树立绩效意识，将预算绩效管理的相关政策向各下属部门积极传达，结合实际情况制定实施办法，将下属各部门预算全部纳入绩效管理，切实落实全面实施预算绩效管理工作，逐步实现预算和绩效管理一体化，着力提高财政资金资源配置效率和使用效益。

（三）加强高校后勤内部控制的规范建设

预算管理属于内部控制的范畴，高校后勤应加强学习内部控制的管理理念和方法，建立健全各种规章制度，通过各部门、各岗位之间的相互牵制、相互约束，防范各种可能出现的风险。因此，完善的内部控制管理既可以合理保证经营管理合法合规、资产安全、财务报告及相关信息真实完整，又可以提高经营效率和效果，在不断的实践和创新中促进高校后勤实现可持续发展。

第三节　高校财务管理信息化建设

高校教育发展离不开信息技术的支持，高校应充分利用信息化技术，将信息技术与教育进行深度融合，实现教育资源共享，促进高校教育信息化变革。高校财务管理信息化建设是实现教育现代化的重要组成部分，高校财务管理信息化不仅能推动高校财务管理的改革，还能规范资金使用，有效地降低财务风险，提高财务管理水平。

高校财务管理信息化是指以高校财务工作模式重组为基础，利用信息技术、数据库技术，实现高校财务活动信息的收集、分类、汇总，通过集成化管理和控制，为管理人员提供预测、决策、监管等分析手段，保证财务活动合法合规以及资金的安全、真实，实现办学效益最大化。

高校财务管理信息化是计算机平台与财务管理的综合运用，是财务信息资源共享、业务联动的融合管理，其基本理念是以“会计核算为基础，财务管理为核心，资金控制为重点，现代技术为手段”，通过财务数据的高度集成，建立财务业务预测、监控、分析的管理机制，达到强化管理、资金监控、风险控制的目的。

一、高校财务管理信息化建设的意义与原则

（一）高校财务管理信息化建设的意义

高校的职能是提供教学、科研和社会服务，在互联网飞速发展的今天，高校财务管理信息化的建设必须将高校的组织管理机构、经济业务、内部控制、制度政策融入管理，并融管理于服务。

以人为本，从全体教职工、学生的需求出发，利用信息化平台，实现全系统财务信息资源共享、业务联动、一体化管理，网上报销流程化、可视化，学生收费、薪资管理精细化，手机移动应用审批智能化，覆盖学校财务服务与管理的完整业务流程，使教育资金从预算编制、预算执行到财务核算、决算、监管、分析、决策，整个过程流程清晰、数据完整。利用网络信息数据实现对学校业务数据的收集、分类、汇总和分析，使财务工作人员从大量烦琐且重复的工作中解放出来，将工作重心放在财务分析和管理上，为学校的战略决策提供更优质的服务。

1. 提高师生服务体验

基于财务管理信息化平台，教职工在预算申报、业务报销等流程上，可以直接在平台上报、申请，无须纸质申请，往返于各个领导之间签字审批，重复填写申报信息。系统可以及时推送各类资讯，师生、财务等管理人员也可以方便获得各类资费标准及最新国家财政政策。财务也无须反复进入不同的信息系统，而是以所办理的业务为目标驱动不同信息系统的相应流程，财务业务线上线下相融合，PC 端移动端相融合，薪资、报销、借款与支付平台相融合，通过信息服务一体化建设，解决高校存在的“重管理、轻服务”“重功能、轻实践”等问题。

2. 实现财务信息共享

财务管理信息化平台以财务数据为交换主体，建立了统一的数据标准，制定相关信息交换的格式，使数据共享更加方便快捷，保障信息数据通畅无阻。财务部门也可以对数据进行分类管理，针对不同部门给予不同的访问权限，提高数据安全性、保密性。教职工、各部门登录后台后可以及时获取相关数据，不再被动等待。按权限进行数据交互，不仅增强了数据的保密性、安全性，还提升了工作效率，节约了人力、物力和财力资源。

3. 实现业务流程信息化

基于财务管理信息化平台，充分利用信息化网络服务，推动高校教学、科研、管理等各项事业的发展，促进高校在项目预算、报销管理、科研经费支出、财务决算和终端查询等方面实现网络办公，并设置角色权限分配，精细化分工，充分发挥信息化管理的便捷性，减轻财务管理人员负担，从而提升高校财务管理人员工作效率，提高服务质量。

4. 全面融合管控

财务管理信息化平台应该以业、财、研、用、管等需求为向导，融合财务、服务、科研、预算、收支、资产等管理系统，建立数据交互中心实现，数据对接，平台共享，全面管控，使学校各部门深度融合，多维有机协同。管理层可以通过财务数据风控预警分析，全过程绩效跟踪，提高决策的科学性和智能性。

（二）高校财务管理信息化建设的原则

1. 符合发展需求

随着财务管理的内容和管理方式都发生了重大变化，许多新业务、新项目被纳入了管理范畴，如财务信息化管理、内控制度建设、财政资金绩效评价等，其都给财务管理带来了不同程度的挑战。高校财务管理信息化建设应符合国家中长期教育发展规划纲要，符合部门预算、国库集中支付、政府采购等财政要求，利用信息化技术优势，加强财务管理，规范会计基础工作，对分散和多样化的财务核算系统进行整合，促进高校健康发展。

2. 结合实际业务和自身特点

财务管理信息化平台建设必须从高校的实际业务和自身特点出发，从学校整体角度考虑，制定财务管理信息化总体规划，根据各个模块的轻重缓急逐步开展业务、解决财务资金的压力。在财务管理信息化建设中，各部门管理者需要高度重视，不能三天打鱼两天晒网，信息化建设不是一项短期任务，必须做好打持久战的准备，各部门应安排专职人员参与平台建设，保证各部门数据采集的一致性、准确性、及时性，促进全员参与财务管理信息化平台建设。

3. 利用大数据和互联网平台

在互联网极速发展的今天，5G 时代已经悄然到来，随着大数据的深度发展与应用，传统的经济模式被逐步取代，这意味高校的竞争环境发生了明显变化。在大数据时代下，高校应正视自身所处的位置，结合实际发展需要，突破自身管理壁垒，从而实现财务数据信息化。

财务数据本身就是记录高校办学以来的财务活动状况，是财务管理的重要支撑，因此，高校财务管理信息化建设的本质就是提高财务数据的安全性、规范性、有效性。借助大数据与互联网平台，可以规避传统纸质数据遗失、不易查找统计数据等弊端，从而推动财务管理信息化建设，提高财务管理水平。

二、高校财务管理信息化建设策略

（一）建立高校财务数据交互平台

高校各部门之间交互数据大多是通过 QQ、微信、电子邮件等渠道发送 Excel 电子表格或者 Word 文档，使用聊天工具的数据传输方式不但存在数据泄露的安全隐患，而且耗时长、效率低。因为各部门所需要的数据内容不相同，所以各部门数据不能通用，如果需要的内容没有，必须重新收集数据，造成数据反复收集、师生对数据收集工作产生抵触情绪的问题。

随着高校招生规模的不断扩大，教学项目、科研项目以及多渠道经费等问题越来越复杂，为了改变数据混乱的现象，高校需要建立以财务信息为中心的数据交互平台。数据交互平台将高校教学、科研、人事、招生、就业等各种业务数据与财务信息有效地结合起来，经过数据交互平台的采集、分类、整理，实现数据实时共享，满足各部门对不同数据内容的业务需求。

（二）制定高校财务信息化标准

高校管理工作中，教学、财务、科研、人事等各部门都需要采集相关数据。

然而，高校各部门的数据相互独立，因采集渠道不同导致数据不准确，在数据共享过程中，容易产生数据错误或资源冲突，需要大量的人力、物力去检查、排除存在的问题。

要解决这一问题，实现各项业务数据之间的有机联合，就要在校内制定统一的信息化标准。按照高校的组织机构职能，信息化标准的制定应由“计算机信息技术中心”牵头，“计算机信息技术中心”应遵循已有的国际标准、国家标准、教育行业标准，以实现学校信息资源共享为基础，从各部门的实际数据需求出发，进行统筹安排、统一规划和统一实施，从而保证各部门拥有统一的数据，避免学校内部各软件系统因数据接口和标准不统一造成信息资源无法共享。

根据高校的实际业务情况，信息化标准的制定主要从三个维度出发：人、物、财，标准化实施的主要内容包含：数据采集、数据汇总、数据反映、数据接口。各部门的数据必须按照统一的标准录入，字段编码必须一致，对于可能存在的系统缺陷，原则上谁录入、谁负责、谁维护。信息化标准由“计算机信息技术中心”统一维护，各部门按照制定的信息化标准执行相应的规定，遵循标准开发，一方面可以避免因信息标准接口不统一存在漏洞而引起的网络安全问题；另一方面可以共享通用数据，实现最有效的信息资源整合。

（三）组织高校财务机构融合管控

高校已按相关规定制定了内部控制制度，但是高校的内部控制制度与业务管理联系不密切，存在领导重视不够、内部控制形于表面、内部控制制度不健全、财务无法监管等问题，导致内部控制制度不能有效执行，无法发挥监督、风险防控的作用。

高校应从业务、资金、数据、服务、监督五大主线出发，利用大数据功能，设计一个整体框架，通过信息化建设持续将内控从“立规矩”向“见成效”转变。

（四）高校财务业务流程信息化

随着教育的改革，高校的招生人数越来越多，财务管理的压力也越来越大，财务管理对信息化的需求越发迫切，建立财务管理信息化平台是高校发展的必然趋势。随着5G时代的到来，高校需要树立“以会计核算为基础，财务管理为核心，信息技术为支撑”的新型管理观念，打破传统的资金流运作模式，对业务流程进行重组，实现预算、报账、科研管理、核算管理等业务信息化、共享化、可视化，为管理者提供决策依据，提高工作效率。

1. 财务基础业务流程信息化

财务业务系统是财务核算的基础核心模块，该系统与高校原有财务系统最大的区别在于建立了数据交互平台，原有系统只能实现日常财务录入、财务记账、转账结算等简单功能。而新的信息化平台通过数据交互，不仅能与网上报销、经费申请、工资管理、合同管理、指标管理等业务互通数据，进行实时监控管理，还能进行预算分析、决策分析等各类财务报告的查询，为高校财务管理提供数据支撑。

2. 预算管理业务流程信息化

首先，财务处将近三年的预算编制数据、预算执行数据导入数据交互平台，其目的是通过数据的收集进行大数据分析比对；其次，申报部门根据预算计划进行网上预算编制设置，管理层给予授权；最后，财务部门通过数据交互平台，实时查看各部门的预算项目名称、预算编制数据，并对提交的预算数据与数据库进行比对分析，进行最后的审核，审核结果通过数据交互平台反馈给各个部门。

为了更好地监控预算执行情况，必须将预算数据反馈至核算管理。预算下达后，数据交互平台将记录预算金额，当部门申请业务核算时，必须选择预算项目，扣除相应的预算，从而达到数据的实时交互，提高预算管理的可控性、透明性，为管理人员提供真实、准确的预算报告。

3. 报销管理业务流程信息化

近年来，高校规模不断扩大，财务人员数量却没有相应增加，面对日益繁重的报销业务，原来的报销流程已经无法适用。要从根本上提高报账效率和财务管理水平，报销管理业务必须信息化，通过网上报销系统，整合和规范财务管理系统。

网上报销管理系统的过程其实就是数据统一化、规范化、集合化的过程，高校需要结合实际情况以及整体信息化的综合考虑，设计网上报销管理业务流程。报销人员登录网上报销系统，将差旅费报销、培训费报销、公务报销等信息通过扫描、拍照等方式，按照财务规定的要求录入报销系统，报销人员只需通过电脑或者手机就可以完成报销业务，出纳人员根据报销人员的报销申请在系统中进行核对后给予办理报销手续。

网上报销管理平台可以更好地规范报销流程，保证原始单据的准确性，一方面为整个财务管理信息化平台提供数据支持，使相关管理人员可以实时监控报销资金的支出情况，确保财务数据的实时化、精准化，为校领导、财务管理人员、项目负责人等提供可视化的决策基础；另一方面缩短报账时间，降低报销成本，可以更好地保障报销资金及时、准确到账，减轻财务人员工作量，提高财务的报账效率。

4. 科研管理业务流程信息化

高校科研管理既是科研项目质量、科研经费、立项时间等相互作用的过程，又是科研管理部门和财务处、教学机构等多个部门相互配合、协调推进的过程。高校通过建立科研管理系统，采用信息化技术可以实现项目预算、经费使用情况、会计核算的全过程管理。项目经科研处审批立项后，可以通过系统在财务处登记，财务处根据预算下拨各项费用，实际报销项目应与预算一致，避免科研经费随意使用，科研经费的收支情况通过平台实时更新、反映，最终实现科研经费的精细化管理。

5. 终端查询信息化

随着互联网的飞速发展，学校师生对于财务信息化查询的需求越发强烈，财务管理信息化建设必须集成终端业务查询功能，对内可以强化财务精细化管理，对外满足教师、学生及家长的查询需求。终端查询业务包括以下几部分：

第一，教师综合查询。教师可以通过信息化平台查询各类项目，如工资详情、代扣项目、四险一金、发放时间、收款账户、课时费、加班费等。

第二，学生综合查询。学生可以查询自己的缴费金额、缴费状态、缴费时间、一卡通消费记录、水电费充值记录、助学贷款申请、各类奖学金申请记录、各类杂费记录等。

第三，预算执行进度综合查询。通过一站式登录，财务人员可以在财务管理信息化平台查询预算执行进度。系统也会实时将财务人员的操作结果反馈到数据交互中心，方便各部门查询相关预算情况，并提供预算管理相关数据的可视化分析报表。

第四，科研经费综合查询。通过信息化平台，教职工可以查看科研项目的全过程，如项目立项时间、立项内容、审批进度、经费进度等，实时查看科研经费执行进度、经费管理各阶段的数据报表以及科研项目相关业务报表等。

第五，事项申请、费用报销业务综合办理。师生可以查询报销记录、报销时间、到账时间、收款账户、历史报账记录、各项事项申请、其他收入填报等。

终端平台不应只是一个查询业务的端口，更应融入“人性化”元素，对于比较重要的业务，可以通过短信平台发送信息及时提醒师生。

实现终端平台信息化，不仅可以降低信息不对称引发的理解误差，还可以使财务业务公开化、透明化，提高师生的服务体验。

三、高校财务管理信息化建设的保障策略

（一）成立高校财务项目领导小组

财务管理信息化建设是一项庞大、复杂的应用工程，不仅需要对学校各部门岗位职责进行重新划分，还需要对业务流程进行重组，高校应统筹协调，科学、有效地推进新的财务管理办法和规章制度的实施。

财务管理信息化建设不仅涵盖了财务处、计算机中心两个部门的业务，还覆盖了科研处、招生处、教务处、后勤处等各部门的业务，涉及众多部门的工作人员、学院每位教师、学生以及家长。为了杜绝各部门各自为政、相互推诿的现象，更好地促进财务管理信息化平台建设，高校应当建立项目领导小组来统筹把控，具体分以下两部分。

（1）领导成员。根据“校长负责制”，信息化领导小组成员应包括：校长、分管财务副校长、分管计算机中心副校长。其主要作用是全面领导、统筹安排、组织协调、规划决策。

（2）部门成员。部门成员及其职责应包括以下方面：

第一，党政办公室处长：传达指令、分析汇总等。

第二，财务处处长：统筹财务管理、提出具体方案、设计业务流程等。

第三，计算机信息中心处长：信息化建设规划、信息化标准制定、软硬件技术支持、数据维护等。

第四，其他各部门处长：提出部门需求、按信息化标准提供接口等。

项目领导小组的主要任务包括：①对整个项目的规划和监督；②协调解决财务管理信息化建设中遇到的困难和阻碍。

（二）加强高校财务内部控制管理

随着高校财务管理信息化建设的快速发展，原有的管理机制和内部控制制度已经很难适应现在的发展需求。完善内部控制、监督机制是防范财务风险最基础的保护屏障，根据高校的基本情况，应从以下方面加强内部控制管理：

（1）加强内部控制职能。取消原有的“一人多岗、一人多职”的岗位设置，明确岗位职责，进一步细化岗位分类，合理分配岗位，将责任落实到每个人，各司其职，保证各个岗位之间的相互独立性，相互监督，提高工作效率。

（2）加强风险意识培养。财务人员要对整个管理流程有清晰的认识，对岗位职责内的业务办理流程要严格把控。对内加强管理，强调内部管控，遇到问题要及时上报领导，保证出现突发状况时业务流程能正常运行。

（3）完善授权管理机制。财务管理信息化平台将财务管理分为两类用户，一类是授权用户，一类是管理用户，这种设置的目的就是避免管理风险，对于不同的人员，设置不同的权限，系统不允许越权操作，防止一人包办所有业务。

（4）完善内控评估制度。根据学院制度，成立联合小组，对已经实施了的制度进行不定期检查，主要检查制度实施过程中存在哪些漏洞，制度管理上出现的新问题应该如何解决，评估会计核算变化带来的影响等。

（5）健全财务系统监督体系。通过健全信息披露机制，实现对财务系统的统筹监督体系，接受计算机中心、纪检审查室、上级部门的监督。

（三）建立高校财务评估考核体系

（1）针对各部门。财务管理信息化的建立并不是简单的业务、人员、财务、数据的融合，而是以提高学校管理能力、促进学校健康高效发展为目标，将现实中的人力、物力、财力的投入转化为实际的管理效能。为了财务管理信息化平台的正常运行，应针对各部门建立考核体系。首先，对于预算应严格执行，通过大数据分析，对于没有完成预算的部门，下一年度应按比例扣除相应的预算额度；其次，在经费使用方面应将投入情况、完成情况等计入考核范围；最后，在业务办理方面，在规定时间内没有完成的应纳入年终绩效考核。

（2）针对财务部门。组织一个由校外人员为主、校内人员为辅的评估小组，按照我国相关的财务法律法规及事业单位的相关规定，定期对学校开展的各项经济活动进行风险评估，保证经济活动的合法性、合理性，确保财务信息的公正性、透明性。

（四）维护高校财务数据交互平台

（1）硬件设施保障。加大基础硬件设施的资金投入，为财务管理信息化建设提供有力保障，设备稳定、安全运行，才能使维护部门有更多的时间关注系统运行，及时更新补丁、升级，设置防火墙，划分校园网、财务专线、外网等多重访问控制机制，确保财务数据的安全性。

（2）软件技术保障。通过应用软件的架设，实时、准确地监视平台的运行情况，根据建立的网络拓扑图，及时发现异常，提高数据的保密性。

（3）建立数据备份机制。为防止因各种原因出现突然断电，导致数据丢失，高校必须建立备份机制。数据备份一般包括本地备份、异地备份、U 盘备份、光盘备份等方式，备份后还要定期检查备份数据是否完整。

（4）设立信息化数据管理岗位。各部门应设立专职技术人员，在平台运行中，发现问题并提出需求和改进建议，对部门的数据按信息化标准要求进行梳理，做好对接接口。做到信息化数据的常态化维护，定时维护数据、备份数据。

（五）引进高校财务人才培育队伍

对于普通教职工，应加强培训，摆脱传统思维限制，改变教职工的财务管理观念，认识财务管理信息化建设的必要性。通过学习信息化平台的操作流程，了解信息化带来的便捷性、安全性、时效性，使他们明白，只有努力提升自我、完善自我，才能适应信息化时代的发展，不被社会淘汰。

对于系统操作人员，一方面定期开展系统维护与升级培训，学习相关网络安全知识，提高业务系统操作熟练度；另一方面应加强专业素养及理论知识的培养，将理论与实践相结合，在实际操作中提升自身的专业技能。

对于财务管理人员，培养爱岗敬业的奉献精神，强化财务人员的服务意识，加强法律意识，做好数据的保密工作，提高财务人员的责任感，避免违规事件的发生，确保学校健康、稳定发展。

在加强培训的基础上，高校还应引进既懂计算机信息技术又了解会计专业知识的财务管理复合型人才，为财务管理信息化平台建设提供有力保障。

参考文献

[1] 陈晋，桂鸿斌 . 医院“智囊机构”筹建与作用探析 [J]. 中国卫生产业，2009，6（11）: 66-69.

[2] 陈鹏 . 行政事业单位预算编制方法刍议 [J]. 当代会计，2021（9）: 125-126.

[3] 陈庆海，施锦明，宋生瑛 . 政府预算与管理 [M]. 厦门：厦门大学出版社，2014.

[4] 陈治 . 财政可持续视野下预算控制机制的失效与应对 [J]. 法商研究，2017，34（3）: 38-47.

[5] 董叶丽 . 如何更好的发挥医院预算的监控功能 [J]. 财经界，2021（12）: 37-38.

[6]郭巍，裴志江 . 严把“八道关” 加强政府决算审查监督 [J]. 人大建设，2013（10）: 38-40.

[7] 黄颂珊 . 实施全面预算管理 提升医院管理水平 [J]. 中国乡镇企业会计，2015（4）: 65-66.

[8] 刘金环 . 探讨行政事业单位财务管理存在的问题及对策 [J]. 财经界，2022（7）: 101- 103.

[9] 刘静，陈英耀，柯雄，等 . 三级公立医院绩效考核指标权重及评分办法制

定的思考 [J]. 中国医院管理，2020，40（12）：53–56.

[10] 刘玉廷，郭林，李冰慧 . 基于政府预算的国家审计制度优化研究 [J]. 审计研究，2016（5）：20–26.

[11] 缪匡华 . 行政事业单位财务管理 [M]. 北京：清华大学出版社，2013.

[12] 乔春华 . 高校预算管理研究 [M]. 苏州：苏州大学出版社，2013.

[13] 乔莉 . 预算管理理论下行政事业单位预算管理研究 [J]. 会计师，2019（4）：39–40.

[14] 王硕 . 行政事业单位全面预算管理问题及对策研究 [J]. 办公室业务，2022（5）：60–62.

[15] 王英 . 政府会计制度下医院全面预算管理探析 [J]. 卫生经济研究，2019，36（8）：69–71.

[16] 熊焱，佘晓聪 . 行政单位预算绩效评价存在的问题及对策 [J]. 行政事业资产与财务，2022（2）：31–33.

[17] 徐阳光 . 立法机关参与预算过程的核心权力 [J]. 法学，2011（11）：33–37.

[18] 徐元元，田立启，侯常敏，等 . 医院全面预算管理 [M]. 北京：企业管理出版社，2014.

[19] 许太谊 . 行政事业单位财务管理实用法规应用指南（全 2 册）[M]. 北京：中国市场出版社，2020.

[20] 杨光焰 . 政府预算管理（第二版）[M]. 上海：立信会计出版社，2016.

[21] 杨可燕 . 行政事业单位全面预算管理分析 [J]. 投资与合作，2022（4）：69–71.

[22] 由宝剑，蔡志宏，赖明福 . 医院全面预算管理理论 · 实践 · 信息化 [M]. 西

安：西安电子科技大学出版社，2017.

[23] 于立帅 . 行政事业单位全面预算管理探讨 [J]. 办公室业务，2022（12）：32–34.

[24] 张开菊，吴林蓬 . 医院审计风险探析 [J]. 中国集体经济，2019（30）：59–60.

[25] 赵文婷 . 提升地质勘查事业单位全面预算管理的策略分析 [J]. 财会学习，2019（34）：89，91.

[26] 朱大旗 . 完善人大对政府预算全方位的审查监督制度 [J]. 法学杂志，2014（2）：13–22.